酒場詩人・吉田類　責任編集

# 旅人類

Vol. 04

ダイナミズムの日高・十勝　日高山脈を仰ぐ大地へ

旅人類巻頭言

# 牧草ノスタルジア

空が恋しいのは旅人だからにほかならない。
穀倉地帯のつづく豊穣の十勝平野から
海沿いの黄金道路を南下すると襟裳岬へ到る。
かつて、えりも町の牧場で幾夏かを過ごした。
牧場は国道から少し山側へ入る。
牧草を食むエゾシカの群れはごく日常の風景だった。
裏山のヒグマも時たま人里へ下りてくる。
けれど大抵はエゾシカと同じくステーキにされた。
高山植物の花咲くアポイ岳へ登り、
橄欖岩に触れて地球の鼓動を聞く。
山頂に祀られている火の神さまへ献杯。
あるいは山懐に秘められた小さな豊似湖。

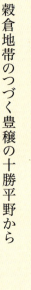

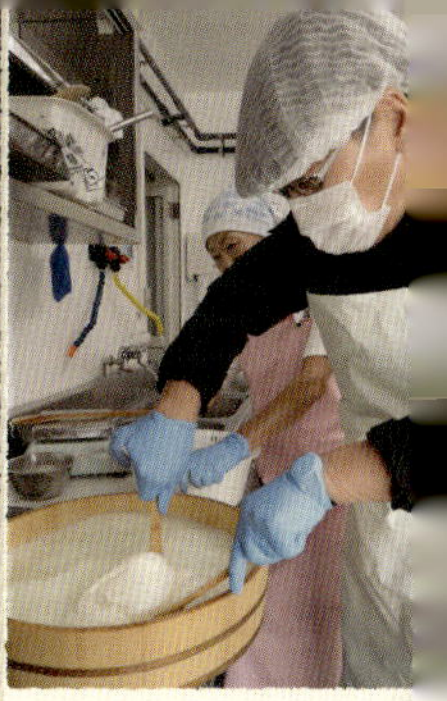

湖畔を廻ろうとして密集する根曲り竹に阻まれた。
ナキウサギの声とて聞こえず進退窮まって四苦八苦。
ヒグマがこっそり覗き見していたに違いない。
この豊似湖、鳥瞰すれば
ハート型だなんて知る由もなかった。
若牛の去勢、トラクターでの牧草刈り、逃げた黒牛の捜索。
不慣れな牧場の日々に夢中で挑むも、
拭いきれない侘しさが疼く。
そして今にも涙が溢れそうな時、
決まって百人浜へ向かう。
ここは襟裳で最も茫洋とした浜辺だろう。
置き忘れられたかの〝悲恋沼〟が虚ろに横たわる。
吹きさらしの最果て、それとも魂の捨てどころ。
その荒涼たる原野と砂まじりの風に促される。
さあ、そろそろ旅立とうじゃあないか。

吉田 類

# ダイナミズムの日高・十勝

# 日高山脈を

TOKACHI

# 仰ぐ大地へ

HIDAKA

# 日高・十勝

## 北海道の原風景は、いつもここにある。

「北海道の背骨」と称される日高山脈の麓から西側に広がる日高地方、東側に広がる十勝地方。隣接しながらも異なる風土が育まれ、それぞれに奥深い魅力があるエリアだ。

車で日高へ向かうなら、苫小牧から日高自動車道の利用が便利。この春には新冠町手前に「日高厚賀IC」が開設され、例えば「札幌南IC」から約70分で到着する。

十勝の玄関口、帯広まではJRの特急「スーパーおおぞら／とかち」利用で札幌から約2時間半、車なら道東自動車道の利用で約3時間だ。平成28年(2016)夏、北海道を襲った連続台風により一部通行止めになっていた国道274号も復旧し、通行を再開している。羽田空港からも「とかち帯広空港」まで約1時間半という気軽さだ。いざ、旅に行かん!

…ちなみに、両エリアは想像以上に広大につき、旅程は余裕をもって立てられたし。

0
50
100km
国道
高速道路
JR（在来線）／3セク鉄道
北海道新幹線
市
空港
主な温泉地
N
※データは2018年2月末現在のものです。
宗谷海峡
宗谷岬
野寒布岬
宗谷湾
稚内
稚内
金田ノ岬
礼文
礼文島
利尻
利尻富士
沓形岬
利尻
利尻島
猿払
宗谷本線
豊富
豊富
パンケ沼
幌延
クッチャロ湖
浜頓別
中頓別
枝幸
歌登
天塩
中川
音威子府
遠別
初山別
美深
焼尻島
天売島
羽幌
名寄
苫前
風連
下川
日本海
士別
宗谷本線
道央自動車道
朝日
剣淵
小平
幌加内
和寒
留萌
愛別
留萌本線
旭川
比布
鷹栖
当麻
上川
石北本線
増毛
沼田
秩父別
大雪
妹背牛
深川
北竜
旭川
東神楽
東川
雄冬岬
雨竜
旭岳
浜益
滝川
赤平
美瑛
天人峡
新十津川
芦別
白金
砂川
歌志内
富良野線
十勝岳
浦臼
上砂川
上富良野
奈井江
中富良野
厚田
美唄
富良野
積丹岬
神威岬
石狩湾
月形
函館本線
札沼線
北村
三笠
積丹半島
高島岬
石狩
当別
新篠津
岩見沢
余市
小樽
江別
南富良野
仁木
栗沢
トマム
赤井川
朝里川
手稲
南幌
夕張
札樽自動車道
定山渓
札幌
由仁
長沼
栗山
共和
岩内
倶知安
北広島
石勝線
占冠
雷電
倶知安峠
豊平峡
恵庭
道東自動車道
日勝峠
清水
芽室
ニセコアンヌプリ
京極
中山峠
支笏湖
千歳
追分
蘭越
喜茂別
オコタンペ湖
支笏湖
安平
ニセコ
真狩
留寿都
早来
厚真
穂別
寿都
黒松内
洞爺湖
大滝
新千歳
島牧
茂津多岬
豊浦
室蘭本線
むかわ
平取
洞爺湖
壮瞥
長万部
カルルス
白老
苫小牧
洞爺湖
伊達
登別
倶多楽湖
日高
新冠
新ひだか
せたな
今金
北檜山
登別
内浦湾
尾花岬
八雲
室蘭
チキウ岬
日高門別IC～日高厚賀IC
平成30年4月21日開通予定
大成
稲穂岬
奥尻
奥尻島
奥尻
青苗
青苗岬
室津島
熊石
渡島半島
森
砂原
駒ケ岳
濁川
鹿部
大沼
日高本線
浦河
太平洋
乙部
中山峠
江差
厚沢部
新函館北斗駅
七飯
函館
南茅部
根法華
恵山
恵山岬
大崎
上ノ国
北斗
湯の川
戸井
北海道新幹線
木古内駅
道南いさりび鉄道
汐首岬
木古内
函館
知内
大島
鴨波岬
大間崎
福島
津軽海峡
大間
松前
風間浦
小島
白神岬
尻屋崎
青函トンネル
佐井
宇曽利山湖
むつ
東通
はまなすベイライン大湊線
今別

北海道の旅情報
# 旅人類
Vol. 04
[たびじんるい]
2018 March
日高・十勝あたり

## ダイナミズムの日高・十勝
# 日高山脈を仰ぐ大地へ

# 吉田類、日高を旅する。

旅の始まりは、日高山脈の西側に広がる

# 類旅Story
## 日高編

日高地方から。
傑出した存在感を見せつける連峰と、
国内屈指の高級昆布を育む豊かな海。
父と母のように偉大で
深い懐に抱かれる大地では、
どんな出合いが待っているのだろうか。
麗しいサラブレッドが駆け抜ける
優駿の郷ならではの体験も
期待できそうだ。

# 吉田類
# 【エッセイ】
# 日高編

苫小牧から東へ海岸線をなぞるように浦河国道が伸びている。車窓の牧歌的風景に見とれるままひた走れば、1時間ほどで新冠町へ着く。乗馬クラブ、道の駅サラブレッドロード新冠などの看板が目につき、競走馬の地へ踏み入っていたことを実感する。

国道は日高本線の単線軌道と並行して隣町の新ひだか町へと到る。二十間道路と呼ぶ桜並木のあることでも知られる町だ。桜並木は、馬の親子が戯れる牧場の間を抜けて真直ぐに伸びた二十間幅の道路。途中、サラブレッドの生産を行う静内農業高等学校もある。傍を静内川がゆったりと流れて行く。ハイテク都市を遠く離れた競走馬の産地。こんな印象を抱いて日高の旅が始まる。

何と言ってもサラブレッドの魅力はスレンダーな肉体美と、龍の飛翔を思わせる疾走の瞬間だろう。浦河のJRA日高育成牧場では、名馬創りに携わる人たちの仕事ぶりを覗かせてもらった。元来、馬は臆病で神経質という。驚いたのは、馬に対する経験知と繊細な愛情の深さだった。蹄鉄も馬の個体に合わせて作られる。職人の誠実なハンマーの一打ちが火花を散らす。

厩舎や調教場の建つ敷地内で、きょとんとこちらを見つめる褐色のウサギと目が合った。聞けば、野生のエゾユキウサギらしい。冬毛は白い。警戒心は特別に強いはず。敷地内が安全な場所と知ってのことに違いない。日高山脈の麓へ拓かれた人と競走馬が共に信頼し合える空間。職員たちと交わす笑顔に、

# 日高に寄せて

野ウサギならずとも寛げる。

もっとも、日高の山岳地帯ともなれば、人の進入もままならない。だが、そんな途方もなく険しい日高山脈の最深部で熟成させているワインや日本酒があるという。場所は水力発電所施設に付随して掘られたトンネルの中。SF映画に登場するようなスペーストンネル奥の一部を改装した貯蔵庫だった。試飲した熟成白ワインの味？　濃厚な貴腐ワインを想像したくもなるが、ふわりと宙に浮く含み感。酔い心地は宇宙遊泳の気分だろう。

奥深い日高の旅、ここからが本番だ。

吉田類

## 旅の一句

草原《そうげん》を　一目散《いちもくさん》に　光《ひか》る風《かぜ》

HIDAKA | AREA | MAP |

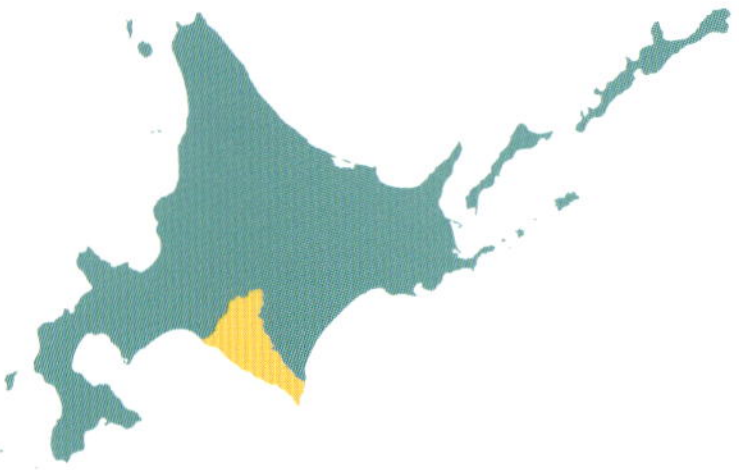

# 日高エリアMAP

ご紹介するスポットのおおよその場所はこちらでご確認を。
海と山に抱かれる日高の、個性豊かなスポットを満喫しよう。

## MAP | 日高エリア広域

南富良野
根室本線
狩勝山
新得
鹿追
シューパロ湖
石勝線
占冠
道東自動車道
清水
音更
日勝峠
十勝川
芽室
帯広
十勝川
幕別
沙流川温泉 ひだか高原荘
札内川
帯広広尾自動車道
とかち帯広空港
平取町立
二風谷アイヌ文化博物館
沙流川
二風谷ダム湖
びらとり温泉 ゆから
新冠湖
日高山脈
中札内
更別
平取
厚真門別道路
門別競馬場
日高自動車道
日高門別IC〜日高厚賀IC
平成30年4月21日開通予定
Jazz&Café 茶菓いっ風
日高
門別
大樹
歴舟川
高見湖
日高本線
galette
二十間道路の桜並木
にいかっぷ
ホロシリ
乗馬クラブ
新冠
静内川
新冠
くいどころ 北酒場
静内
日高オーベルジュ
ナチュラルリゾート・ハイジア
新ひだか
広尾
道の駅
サラブレッドロード新冠
みついし昆布温泉 蔵三
JRA 日高育成牧場
レ・コード館
浦河
様似
アポイ岳ジオパーク
ビジターセンター
アポイ岳
御食事処 女郎花
アポイ山荘
太平洋
えりも
襟裳岬
N
0
10
20
30
40
50km

類旅Story
日高編1

# 山と海と、共に生きる

峻険な山々が屏風のように連なる日高山脈と、豊かな水産資源に恵まれた太平洋。
日高の魅力を知る上で、山と海は欠かせないテーマである。
まずは日高山脈の西南端、名峰・アポイ岳を目指す。

日高を巡る旅人は、山と海の圧倒的な存在を常に感じることになる。視線を上げれば、北は狩勝峠から南は襟裳岬まで、1500～2000m級の山々が約150㎞にわたって連なる日高山脈。北海道の背骨と呼ばれるその壮麗な姿から海岸線へ目を移すと、江戸時代から昆布や鮭の好漁場として知られてきた太平洋が、水平線の果てまで伸びやかに広がっている。

豊かな山林がもたらす森林資源、そして日高沖で揚がる海の幸——。そんな自然の賜物が、この地に生きる人々の暮らしを長く支えてきた。

今回の旅は、日高を象徴する「山と海」をキーワードに始めてみたい。それはきっと、自然と共にある人々の力強さや、この土地が歩んできた歴史を感じるものになるはずだ。

まずは、世界的にも希少な自然環境から平成27年（2015）にユネスコ世界ジオパークに認定された『アポイ岳ジオパーク』の中心地、アポイ岳へ向かう。目的はもちろん登山。山男でもある類さん、その頂を見つめる瞳は輝いていた。

様似町の海岸から、これまで何度も登頂してきたアポイ岳を遠望する類さん。

# アポイの自然が、心と体を解き放つ。

実は類さん、これまで何度もアポイ岳に登っている。ガイドを務めてくれる『アポイ岳ジオパークビジターセンター』の学芸員・田中正人さんとも顔なじみで、挨拶もそこそこに登山口へ。田中さんは10歳からアポイ岳に登っているベテランガイドで、既に700回以上は登頂しているという。

「小さい頃からアポイ岳を見上げて育ってきました。様似の人々にとってはとても身近な存在。故郷の山ですね」と田中さん。

標高810mの山ながら道のりは長く、山頂まではおよそ2時間半〜3時間半。4合目までは緩やかな登りで、林の中をのんびり進んでいく。

歩きながら、田中さんがアポイ岳を希少たらしめる「橄欖岩《かんらん》」について説明をしてくれた。アポイ岳全体を形成する橄欖岩は、地殻下のマントルの一部が約1300万年前のプレート衝突で突き上げられ、地上に出てきたもの。ほとんど変質せず露出している例は珍しく、地球深部の情報を有する貴重な地質として、学会からも注目されているという。

ジオパークとは特殊な自然環境や歴史文化に触れられる「大地の公園」。

3合目でクマ除けの鈴を盛大に鳴らす。頂上まであと2.2km、まだ先は長い。

第4休憩所の沢には絶滅危惧種のニホンザリガニが。

※持ち帰りは厳禁

土の下は橄欖岩の塊だ。根を深く張れないので、台風などが来ると木が倒れてしまうという。

5合目までたどり着くと、この山が橄欖岩から成る山であることがよく分かった。大きな岩石がゴロゴロとあり、その間を縫うように、急峻な登山道が尾根まで続いている。そしてここにきて、天気は下り坂……。快晴なら眼下の広々とした景色に疲れを忘れるだろうが、雲海に覆われていてはそれも望めない。風も急に強くなってきた。それでも類さんは、一歩一歩着実に高度を稼いでいく。

時折、サマニオトギリなどの可憐な高山植物が、我々を励ますように現れる。アポイ岳には約80種類以上の高山植物が生育し、その中には、アポイアザミやヒダカソウなどここでしか見られない固有種が、亜種、変種を含め約20種もある。一つの山に固有種がこれほど集中しているのはまれで、これもやはり橄欖岩の影響だ。というのも、橄欖岩の土壌は栄養が乏しいため、平地の植物を寄せ付けない。その代わり、苛酷な環境に適応した高山植物が多くなるのだ。

まさに胸突き八丁の険しい岩道をじわじわと登り詰め、50分ほどで馬

# 雲海を抜けて、橄《かん》欖《らん》岩の険しい岩道へ。

5合目の山小屋で出会った山ガールたちと記念の一枚。

の背と呼ばれる尾根に着いた。尾根の先に目指す頂上があるのだが、強い雨と風で目も開けていられない。

進むべきか戻るべきか。重たい沈黙を破ったのは、類さんの声だった。

「残念だけど、今回はここまでにしておこう。山頂に行くだけが登山の目的じゃないんだから」。さすが、山男の決断は早くて的確だ。

5合目まで戻り、雨風を凌げる山小屋で軽めの昼食。よく冷えたビールが、体の隅々まで染みわたる。

「山頂で飲みたかったけど、しょうがない。また今度、登りましょう」

下山後、かつて天皇皇后両陛下もご宿泊になられたという山麓の『アポイ山荘』で、汗を流すことに。大浴場には広々とした浴槽やジェットバス、サウナ、露天風呂があり、太平洋を見下ろす壮大な景色とお湯が、疲れた体をほぐしてくれた。お湯に浸かりながら「登頂できなかったけど、やっぱり山は楽しいね」と類さん。

今日は少し、山の神が拗ねてしまったようだが、きっと次は素敵なほほ笑みを見せてくれるだろう。

5合目から馬の背までが、アポイ岳登山の難所。
手を使わなければ進めない岩場がひたすら続く。

## アポイ岳ジオパーク ビジターセンター

MAP P015

『アポイ岳ジオパーク』の拠点施設。様似町独特の地質や自然環境、歴史文化などを、工夫を凝らした展示で紹介する。アポイ岳登山の玄関口でもあり、最新の登山情報も発信。

様似郡様似町字平宇479-7　TEL.0146-36-3601
9:00〜17:00　4〜11月は無休(12〜3月は要問い合わせ)
入館料／無料　様似町役場より車で10分

急登の途中でしばし休憩。息を整える。山頂はいまだ見えず。

眺めがいい露天風呂。正面に太平洋、左手にアポイ岳が。
※冬期閉鎖の場合あり

右／吹き抜けのロビー。左／客室は全19室。

## アポイ山荘

MAP P015

アポイ岳山麓のホテル。事前に頼めば登山用におにぎりを用意してもらえるうれしいサービスも。レストランでは様似名産の真ツブ料理が味わえる。

様似郡様似町字平宇479-7　TEL. 0146-36-5211
1泊2食料金／2名1室(1名)11,610円(季節で変動あり)
日帰り入浴／5:00〜8:30、10:00〜22:00(受付終了各30分前)
大人500円　様似町役場より車で10分

「トンネル内は、ワインの熟成に最適な温度と湿度なんです」とソムリエの石黒さん。

## 北海道日高ブランド

地域提携型産業クラスターとして発足した後、平成21年（2009）に『北海道日高ブランド』を設立。ダムトンネルの環境を生かして熟成させたヴィンテージワインを販売している。

新冠郡新冠町北星町5-9（事務所）　TEL.0146-47-1188
9:00～17:00（問い合わせ対応時間）　土・日曜、祝日休

山奥の発電所。このシャッターの向こうに秘密の貯蔵庫が……。

徹底した管理のもと熟成室に隙間なく並び、飲み頃を待つワインたち。

# 日高山脈の内奥で熟成の時を待つ。

アポイ岳を後に、日高山脈の内奥へ。新冠川沿いの砂利道を車でしばらく走ると、さながら古代都市の遺跡のようにも見える『新冠発電所』が現れた。重厚なシャッターが開くと、薄暗いトンネルが遠くまで続いている。

「これは、SFの世界ですよ」

この中にひっそり、ワインや日本酒が眠っているという。

平成17年（2005）に始まった「日高ブランド」は、日高山脈のダムトンネルで熟成させた古酒を、日高の新たな産物として発信しようというプロジェクトだ。現在、フランスやオーストラリア、北海道産などのワイン2万本と2000本もの日本酒が熟成の時を重ねている。

ソムリエの石黒健治さんが、10年物という道産白ワインを注ぎながら言う。「年間を通じて9℃前後、湿度80％前後で熟成させると、角が取れてまろやかな味になるんです」。それを一口飲んで類さん、「まったく違うモノに変わっている。固い感じがこなれていて、香りも深い」。

ここは、時間の魔法が掛かる〝タイムトンネル〟でもあるようだ。

熟成室があるのは、トンネル内に設けられた放水路横坑の奥。通常は立ち入れないが、特別に見せてもらった。

# 大人のリゾートで、日高の恵みを体感する。

食材はほぼ日高産で、地元の豊かな山海の幸が供される。内容は毎日変更。

「日高トリートメントコース」のうち、ホットストーン・セラピーは19,440円〜。

陽光が差し込む開放的で明るいロビー。客室は全7室で、すべてメゾネットタイプとなる。

## 日高オーベルジュ
## ナチュラルリゾート・ハイジア

「ハイジア」は、ギリシャ神話の美と健康を司る女神のこと。その名前の通り、最上級のトリートメントと、厳選食材による個性あふれる料理で、体の内側から奇麗になれる。

日高郡新ひだか町静内東別383-59　TEL. 0146-48-2800
1泊2食料金／2名1室（1名）20,000円〜
新ひだか町役場 静内庁舎より車で35分

MAP P015

今宵の宿は、日高山脈の麓にたたずむ『ナチュラルリゾート・ハイジア』。美と健康をテーマに、日高の幸を盛り込んだヘルシーで滋味深いフレンチベースの料理と、上質なリラクゼーションを提供するオーベルジュだ。

まずは登山の疲れを癒そうと、アポイ岳の橄欖《かんらん》岩を使ったホットストーン・セラピーを体験してみる。温めた石を背中や足に置くと、遠赤外線効果で体が芯から温まり、筋肉を和らげ、血流を促すという。「うん、これは評判通り気持ちいいね」と類さんも元気を取り戻したよう。

お楽しみの夕食は「皿の上の自然」をコンセプトに、日高の美食を表現した〝ヌーベル日高キュイジーヌ〟だ。真ツブのアヒージョや有機野菜と日高産タコの美しい前菜、赤ガレイのポワレとえりも短角牛のステーキなどに舌鼓を打つ。もちろんお供は、「日高ブランド」のトンネルワイン。

まるで今日の旅が凝縮されたようなリラクゼーションと料理に、大満足の類さん。ワインの酔いに時を忘れ、日高の夜は更けていった。

若きシェフ・本庄俊介さんの料理を、支配人の成田君彦さん（左）が薦める道産ワインで味わう、至福のひととき。

# 江戸時代から脈々と続く、浜を埋め尽くす昆布干しの風景。

日高沖は、日本海を北上する対馬海流から分岐した津軽暖流と、千島列島の東側から南下してくる親潮（千島海流）がぶつかる好漁場である。多種多様な魚介が揚がるが、有名なのはやはり、昆布と鮭だろう。

浜をびっしり埋める昆布を前に、「磯のいい香りがする」と類さんが深く息を吸い込む。夏から秋にかけて見られる昆布干し風景は、日高の風物詩だ。『日高昆布（三石昆布とも）』の歴史は古く、江戸初期の寛永16年（1639）ごろには漁が行われ、日高の昆布が大坂まで運ばれたという。

昆布の話を聞きに、えりも町で6代続く昆布漁師・金丸重幸さんを訪ねた。金丸さんの先祖は、江戸後期の文化6年（1809）に昆布を求めて富山からこの地へ渡ってきたそうだ。「昆布はだし用と煮て食べるもの

その日の天気や気温、湿度などで干す時間を調整。長年の経験がものをいう。

の2種類ありますが、日高昆布は繊維質が比較的柔らかく、かつうま味豊かなだしも出るとあって、その両方で使われる。それが一番の特徴です」と金丸さんは胸を張る。

昆布は一年中採れるが、船を出す「採り昆布」の期間は7〜10月。採った昆布はすぐに浜で天日干しにし、その日のうちに取り込む。

「人工乾燥だと、昆布に残る水分量は10%。天日干しだと40%も。水分量の多い方が、その後もしっかり熟成していい昆布になるんです」

天日干しを終えると、ビニールシートで包み、昆布小屋で熟成させてから、幅や厚みなどで1〜5等に仕分けて出荷。ちなみに出荷時の長さは3尺5寸（約106㎝）と昔から決まっている。これは、昆布を積んだ北前船の船底の幅がその長さだったためだ。

金丸さんの昆布小屋を辞して、日高のブランド鮭『銀聖《ぎんせい》』が揚がっている浦河港へ向かった。日高沖で獲れる秋鮭は、銀色に輝く魚体から「銀《ぎん》毛《け》」と呼ばれ、脂乗りのよさと身の柔らかさに定評がある。その中でも、徹底した鮮度保持、3・5kg以上の重量など厳しい条件をクリアした鮭だけに銀聖ブランドを冠することができる。

その日の朝揚がったばかりの銀聖を見せてもらった。類さんは「立派な魚体だね」と感心しきり。日高の海の豊かさを、改めて実感するのだった。

銀聖ブランドとして認められるのは、日高で水揚げされる鮭のうちわずか数%。

浦河港をはじめ、日高の海岸線には20以上の漁港がある。

長い熟成期間を経て、昆布らしい黒々とした色に変わる。

1枚1枚、秤に載せて重さを量る。仕分けはすべて手作業だ。

鋼の刃を丁寧に研ぎ上げる。
物作りをする時の類さんの
集中力には驚かされる。

電動糸ノコギリで慎重に木を
カットしていく。

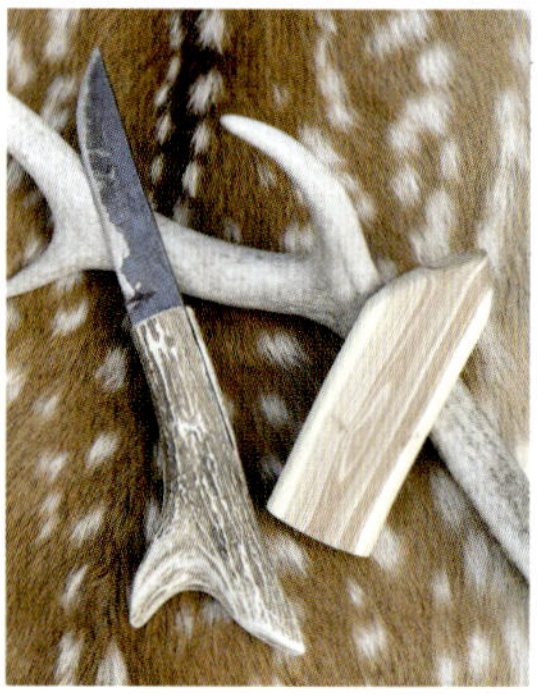

こちらが完成品。鹿角の柄がしっく
りと手に馴染む。

日高には、アイヌ民族の伝統や文化が今も色濃く残っている地域がある。沙流《さる》川流域に広がる平取《びらとり》町もその一つ。アイヌ伝説が残る山や岩が多数あり、一部は国の重要文化的景観にも選定されている。

この町で、アイヌ本来の狩猟民族として生きる道を選び、ハンターを生業としているのが門別《もんべつ》徳司《あつし》さんだ。

「アイヌ民族には、あらゆるものを大切にするという考えがあります。山には山の神、物には物の神がいる。その神々のおかげで我々は生きられる。それに感謝する気持ちですね」

門別さんは、そんな思想の一端に触れてほしいと、アイヌ民族の精神文化を伝えるワークショップ『マタギキャンプ』を不定期で行っている。そのイベントで人気という、鹿角のボーンナイフ作りを体験してみた。

まずは、鹿角に刃となる鋼を留めるための穴を開ける。鹿角を磨いてから、留め穴に木を通し鋼を固定する。ドリルやグラインダーのモーター音が周囲の静かな森に響く。類さんは口を真一文字に結んで作業に没頭。

# 鹿角ナイフ作りで、神々と共にあるアイヌ文化を知る。

鹿角にドリルで穴を開ける。角は硬さと粘りがあり、ドリルを通すだけでも一苦労。

## マタギキャンプ

アイヌ民族の伝統や風習を広めるべく、門別さんが有志一同と開催しているワークショップ。平取の自然の中で、狩猟のワナ設置体験や食を通じて、アイヌ文化の豊かさを伝える。開催は不定期。詳細はフェイスブックで確認を。

https://www.facebook.com/matagicamp/

貴重なヒグマ肉を炭火焼きで味わう。脂の甘さに驚く。

シカ肉はシンプルに塩・コショウで。ビールがないのが悔やまれるほどの味だ。

工作は、男を童心に返してしまう。

続いては鞘《さや》作り。大まかに形を決めて木を切断し、丁寧に磨いていく。素材は、アイヌ民族が魔除けとして大切にしている槐《えんじゅ》の木だ。なぜ槐が魔除けなのか？ 色々な伝承があるが、木の持つ強い匂いが悪い神を祓う、と考えられていたらしい。

最後は鋼を研磨して、刃を作る。ちなみに鋼は、廃車の部品を再利用したもの。物を大切にする精神は、こんなところにも現れている。

刃の状態を確かめながら、納得いくまで何度も磨き込む類さん。やはりアーティスト、そこに妥協はない。完成品は、初めて作ったとは思えないほど巧緻な仕上り具合に。類さんも「満足のいく出来だね」と頬が緩む。

最後に、とっておきというヒグマの肉と、門別さんが仕留めたシカ肉の焼き肉が振る舞われた。ジビエ慣れした類さんも、「こんなヒグマ肉とは、なかなか出合えませんよ」とビックリ。鹿角もヒグマ肉も、すべて神からの贈り物。恩恵を与えてくれた山の神に感謝し、味わい尽くした。

# 様似が誇る高級魚介、真ツブを多彩な料理で。

真ツブの刺身は単品1,620円。そぎ切りの身はコリッと歯応えがよく、甘味も香りも強い。

『花薬水産』では真ツブの購入も可能。

「様似の真ツブは大きくて味が濃いんです」と女将の下條さん。

様似特産の真ツブを食べるならうってつけの店がある、と地元の人に教えてもらい、類さんが向かったのは、『御食事処 女郎花《おみなえし》』。

女将の下條優子さんに「いい店名ですね。由来は?」と聞くと「花言葉の『親切』を忘れず、お客様に接したいからです」とニッコリ。

店で提供する真ツブは、系列のツブ専門直売店『花薬《かしべ》水産』の専用水槽で、しっかり砂出しをしたもののみ。味もサイズも一級品の様似産真ツブを、定番の刺身や丼物、つぼ焼きをはじめ、香草焼きにカルパッチョ、さらには串フライと、バラエティに富んだメニューで味わえる。

自慢の真ツブ刺しを一口。「歯応えがすごくコリコリ。また磯の香りが素晴らしい。これはアワビと双璧をなすうまさですね」。この真ツブにウニ、イクラを合わせた豪華な海鮮丼もあり、こちらも人気だという。

店の窓から、パワースポットといわれるエンルム岬が一望できるシチュエーションも魅力。景色と真ツブで、様似の魅力を存分に楽しんだ。

## 御食事処 女郎花《おみなえし》

様似産の真ツブをはじめ、冬の毛ガニや春のウニなど、日高の季節の海鮮が味わえる食事処。丼物や定食などの食事メニューの他、お酒と楽しめる一品料理も豊富にそろう。

様似郡様似町大通3-65-4　TEL.0146-26-7878
11:00～14:00(土・日曜、祝日は～15:00)、
17:00～21:00(L.O.20:00)
水曜休　様似町役場より車で5分　MAP P015

浦河市街を西へ少し外れると、ポツンポツンと看板に明かりが灯る小さな飲み屋街がある。さて、どこに入ろうか。類さんの食指が動いたのは、小路の奥にある一軒『大衆割烹 かど天』だ。

「冷凍物は一切使わず、魚介は日高・前浜産が中心です。その日に何が獲れるか分からないから、メニューには載ってない魚もありますよ」と笑うのは、一見強面ながら根は優しい店主の梶田晴之さん。

日高に来たからには、やっぱり地のものが食べたい。付き出しを肴にどうしようか思案していると「まずはこれを食べてみてください」と身の詰った毛ガニ、そして日高産のバフンウニが目の前に運ばれてきた。

毛ガニの繊細なうま味、芳醇ながら品のあるウニの甘味に、類さんも思わず目を見張る。これでは酒が進んでしまうのも、仕方がないだろう。

梶田さんは、ご飯の上にサクサクのトンカツを載せ、青ノリとあっさりとしたタレをかけた浦河の名物丼「かつめし」の考案者の一人で、今も元祖の味を守り伝えている。〆にも最適ゆえ、こちらもぜひ、お試しを。

一枚板のカウンターで毛ガニや生ウニをアテに一杯。「これぞ、日高の幸ですよ」。

# 割烹の技と日高の鮮魚に、酒が〝飲まさる〟一夜。

ミソがたっぷりの日高産毛ガニ。漁期は12〜3月ごろ。

軽やかな食感の「元祖かつめし」は昼700円、夜800円。甘辛ダレでさっぱりと味わえる。

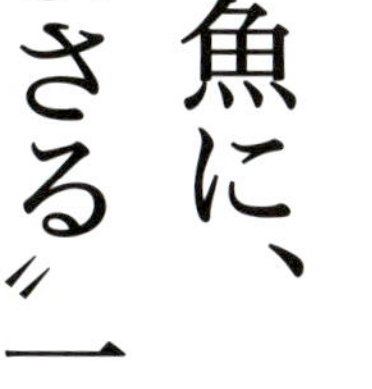

## 大衆割烹 かど天 MAP P014

地元で愛されている名店。日高産の鮮魚はもちろん、ボリューム満点のポークチャップなど肉料理も好評だ。初めてなら、刺身盛り合わせに焼き魚、煮物、小鉢が付くおまかせセットを。

浦河郡浦河町堺町東1-7-9 TEL.0146-22-5758
11:30〜13:30(ご飯がなくなり次第終了)、17:00〜22:00
日曜休(予約は応相談)、昼は土・日曜、祝日休
浦河町役場より車で5分

まだまだある！

# 日高エリアの寄り道スポット❶

自宅を改装し平成24年（2012）に開店。

野菜のうま味と甘味を感じる「galette特製カレー」850円。

デザートや珈琲も付く、1日5食限定の「みやざき竹籠ランチ」850円。

日高郡新ひだか町静内清水丘77-4
TEL.0146-49-0740
11:00～14:00、17:00～21:00
（予約がない場合は20:00閉店）
火曜休（祝日は不定休）
新ひだか町役場 静内庁舎より車で7分 MAP P015

新ひだか町

手間を惜しまず作られる大満足ランチ

## galette《ガレット》

「どれも丁寧に料理されているのが伝わってきます」と類さん。

新ひだか町静内の中心部から離れた静かな住宅地にある、吉田敦子さん・知子さん母娘が営むレストラン。添加物は使わず、自宅の庭で栽培する無農薬野菜や地元食材をふんだんに使った料理を、アットホームな雰囲気の中で味わえる。おすすめは、本場宮崎で学んだチキン南蛮や優しい甘さの黒豆などが、竹籠にかわいらしく配された「みやざき竹籠ランチ」。野菜の水分だけで煮たカレーや自家栽培トマトのソースで作ったパスタも人気が高い。

---

新冠町

ピーマン味の個性派ソフトクリーム

## 道の駅
## サラブレッドロード新冠

馬産地ならではの馬グッズや銘菓が並ぶ物産館にレストラン、フラワーショップなどがある道の駅。ここで味わってほしいのが、新冠町が道内一の生産量を誇るピーマンを使ったソフトクリームだ。頬張るとソフトクリームの甘さの奥に、ほのかに感じるピーマンの存在。この予想外のおいしさがたまらない。

話題性も抜群の「にいかっぷピーマンソフトクリーム」300円。

新冠中心部の国道235号沿いにあり、ドライブ途中の休憩場所にも最適。

新冠郡新冠町字中央町1-20
TEL.0146-45-7070
10:00～18:00
（GW・7～9月は9:00～、11～2月は～17:00）
4～10月は無休、
11～3月は月曜休（祝日の場合は翌日休）
新冠町役場より車で2分 MAP P015

元は、養鶏場の事務所だった建物を店舗化。

「ベイクドチーズケーキ」350円、自家焙煎珈琲はブレンド500円〜。

ジャズ談義に花を咲かせる類さんと進玄さん。同好の士はジャズの好みにも共通点が。

新冠町

珈琲の香りとジャズの音色に包まれる

## Jazz&Café 茶菓《ちゃか》いっ風《ぷう》

国道235号から脇道へ入った高台にあり、建物の前は広々とした牧草地、その向こうには太平洋が広がる最高のロケーション。手書き看板に導かれて扉を開けば、店主の原田進玄《はらだしんげん》さん・聿子《いつこ》さん夫妻が笑顔で迎えてくれる。メニューは、進玄さんが焙煎する珈琲各種に、聿子さん手作りのケーキと焼きたてパン。ネルドリップで丁寧に淹れる深煎りの珈琲はコクがあり、優しい甘さのケーキともよく合う。進玄さん自慢のオーディオセットから流れるジャズにじっくりと耳を傾けて過ごしたい。

新冠郡新冠町大狩部581-12
TEL.0146-47-6767
9:00〜18:00　木曜休
道の駅『サラブレッドロード新冠』より車で15分
MAP P015

---

大地と共生する魂が伝わってくる

平取町

## 平取町立
## 二風谷《にぶたに》アイヌ文化博物館

アイヌ文化を正しく受け継ぎ、未来へ伝承していくことをコンセプトに、民具や祭祀品、農耕や狩猟、葬送に関する資料などを多彩に展示。『北海道二風谷及び周辺地域のアイヌ生活用具コレクション』は、重要有形民俗文化財に指定されている。木彫や刺繍に見られるアイヌの伝統的な技巧や文様の美しさは必見だ。

沙流郡平取町字二風谷55　TEL.01457-2-2892　MAP P015
9:00〜16:30、11月16日〜4月15日は月曜休、12月16日〜1月15日休館
入館料／大人400円、小・中学生150円　平取町役場より車で10分

館内ではテーマ別にゾーンを分けて展示。日本一大きい丸木舟など、見応えのある大型の収蔵品も多数展示してある。

# つげ忠男の日高路たそがれ旅

文・イラスト
つげ忠男

兄・つげ義春と共に
60年代から日本の漫画界で
活躍する、つげ忠男。
大の馬好きという氏が妻と、
旅行鞄を携えて
日高を巡る旅へ――。
そこには美しい優駿の姿と
深遠なる文化遺産、
心に残像を刻む情景があった。

## アイヌ民族の文化を伝え残す平取の町

カムイ　ホプニ　ナ
ヒオ　リムセ　ヘチュイ

これで合っているだろうか。アイヌ語の〝火の神〟への祈りの言葉だという。

中学2~3年生の頃、ある本から丸暗記した。ということは61~62年も昔の話になる。「ヘエ……」、胸の内でモタモタ計算してみて思わずタメ息。

最近、自分の記憶はモノを書く仕事を含め、なんてこともない普通の日常生活にあっても、時にちょっとした支障をきたすほどモウロウとしつつあるのに、なんでこんなどうでもいいようなことを覚えているのだろう。

多分あれは日曜日でもあったのだろうか。退屈で昼間から畳にゴロチャラ転がっていた自分が兄の本棚に突き当たった際、デタラメに抜きとった本なのである。

当時18~19歳（確か……）の兄・義春は新進の漫画描きとして認められつつあり、おそらく日頃特に眼をかけてくれていた出版社の注文でか、初めての少女漫画を手掛けることになった。

漸く漫画家の道への第一歩を踏み出した兄は、更に何歩かでも先に立つべく、ぜひ特色のある絵でとの思いもさりながら、どちらかと云えばストーリーに重点を置いていたように思う。

ヒロインの少女の名はピリカ。

その頃の少女漫画としては異色の設定と云えたでしょうね、コレは。

「ヨシッ、いける!」。とはいえアイヌ民族の生活スタイルや風習やファッションやしきたりなどへの兄の知識は薄い。早速本屋へ走り、アイヌ民族に関する紀行本を仕入れてきた。

その後、参考書としての役目を終えたそれは本棚の一隅に居場所を与えられ、とある日突然、ゴロチャラ者から不作法な扱いを受けることになったと、そういう訳なのだ。

感情に不快な波ひとつ立たないそうした思い出は、いま居る場所に関

実に興味深かった平取町立二風谷アイヌ文化博物館。

刺繍の見事な衣装や祭祀具の数々に、アイヌ民族の誇りを感じた。


**つげ 忠男**《つげ・ただお》

1941年東京生まれ。兄・義春の影響で漫画を描き始め、初期に貸本漫画を描いた後にしばらく沈黙するも、1968年『丘の上でヴィンセント・ヴァン・ゴッホは』を発表し、一世を風靡する。その後も流山市にジーンズ・ショップを経営しながら断続的に作品を発表。漫画界だけでなく映画界で活躍するクリエーターたちにも大きな影響を与え続ける。翻訳作品、映画化作品も多く、現在は『昭和まぼろし 忘れがたきヤツたち』をウェブサイトで連載中。

娯楽、神々への感謝、祓いの神事、多種多様なアイヌ民族の踊り。

連して生じたものである。

『平取町立二風谷アイヌ文化博物館』。静穏そのものの館内で、それぞれ懐かしさに深みのある展示物を見て回っていると、現代の人々の生活様式が普段思っていたより更に退屈に思えてくる。

大きなものは丸木舟から、小さいものは縫針、釣針に至るまで、あらゆる生活用品が手作りである。素材は大小の草木、鉄、魚や小動物の骨など大地に直結するものばかり。

切る、割る、削る、擦る、裂く、磨く。身体のあらゆる部位の筋肉を実直且つ精密に躍動させて……。

しかし不思議なものだ。写真や映像よりも、モノ云わぬこれらの器物の方が、かつて全身の力を出し切って日々を生きてきたであろうアイヌの人々の、汗や息遣いや体温までをも的確に伝えてくれるとは。

## 『旧マンロー邸』で個人的妄想にふける

博物館を後にし、「ちょいと隣まで」といった調子で近くの『萱野茂二風谷アイヌ資料館』へ向かった。故・萱野茂氏が40年にわたって収集したアイヌ民具をはじめ、世界の先住民族の民具や絵画などが展示されている。こちらも一つひとつ、妻ともども興味深く拝見した。

旧マンロー邸。博士の崇高な精神への感慨もさることながら、建物としての魅力も大。

広い敷地内の、林とまでは呼べない木立の中には茅葺き屋根の小屋が二棟あった。いきなりヒョイと人が現れ、火を焚き炊事を始めたとしても、何気なく傍らを通り抜けて行けそう

道中、突然道路をシカが横断。驚かされるが、2頭は悠然と去って行った。

な雰囲気である。

今この資料館では、アイヌ集落の再現を実施していると聞いた。ところがどの辺りがそれなのか自分には分からない。胸の内で「集落、集落」と呟きながら辺りを見廻したけれど、極く普通の平屋が眼に入るだけのありふれた風景である。集落はもっと別の場所にあるのだろうか、若しこれがそうだとしたら、この自然さは逆に相当リアルである。

次に『旧マンロー邸』へと足を向けた。

「英国人考古学・人類学者のニール・ゴードン・マンロー博士は、アイヌ民族の生活風俗研究のために二風谷に移住し、研究のかたわら医者としての奉仕活動に生涯を捧げた人です。昭和17年の永眠後、住宅兼病院であったここは記念館として保存され、現在は北海道大学へ寄贈、北方文化の研究に活用されています」――と、ある観光パンフに紹介されていた。

「ここに住みたい！」

マンロー邸に出合った途端そう思った。根拠なんてない。相性が良さそうの只それだけ、イギリス映画でよく見掛ける郊外の中級住宅の趣で、セミ二階建て木造家屋である。

内部の造作も好ましい。何物も大きい方を好しとする傾向を持つ外国人の住まいにしては、各室も程良い広さで、居心地に問題はなさそうだ。

内も外も本物の木材を存分に使った建物は、優しく、柔らかく、深い懐かしさを与えてくれる。こういう家に住み、気に入った一室で毎日ぼうっとしていられたら、漫画や文章も少しは上手くなるんじゃないかね。

これもまた根拠はないのだが。

## 競走馬に自分の分身を探していた、あの頃

馬が好きだ。

カッコ良いし、静かで優しい眼をしているけれど、いざとなると強そうだし、脚は速いし、頭も良いという。たとえ会話は無くとも、自分だったら馬の傍らで一～二時間位は眺めていられると思う。

襟裳岬の突端は激しい波にさらされていた。

至る所で見られたサラブレッドの牧場風景。

つげ忠男の

# 日高路たそがれ旅

日高の新冠町。国道235号沿いのエリアには、牧場及び競走馬を生産・育成するファームが幾つもある。

若い頃、競馬は結構買っていた。特に20代の頃には、一日おきに夕方5時から翌朝8時まで仮眠なしの夜勤仕事に就いていて、明け番が土・日曜だったりしようものなら、そのまま競馬場や場外馬券売り場まで駆けつけた。

競馬のいわゆる素人ギャンブラーには、それで何から何までスッテンテンになった人、そうなりつつある人、「ヨシッ、真人間になってみせる」と、キッパリ足を洗った人、だのに洗いきれず、時々はちょろり手を出す人等々、有り様はさまざまだが、自称〝馬券師〟たちの誰もが、忘れ難き馬の一頭や二頭は胸の内のターフ上にそっと佇ませているのではないか。それはつまり自身の分身なのである。多くの競走馬の中からわざわざ分身たり得る一頭を選び、レース出走ともなれば何が何でも馬券を買う。ずっと、どこまでも追い続けるのである。

血統、性格、体格、脚質、見栄え、等級位置、全勝敗数など、それらすべてを人間社会に置き換えた上で自分の人生と照合し、ほぼ同地位と判定して肩を組むのだから、そりゃあ思い入れはハンパではない。

勝てば一人こっそり快哉に酔い、負けて一人ひっそり哀感を噛みしめる。

こういうタイプの競馬ファンは町中にあっても、だいたい表通りより、裏通りを行く方が好きなんではという気がしますね。

話がすっかり横道に逸れたので戻ろう。当雑誌スタッフが運転する車は、とある牧場の前で停まった。彼らはこちらの馬好きを知っている。ただ車の窓越しに眺めているだけでなく、せめて牧場の柵位まではそばに寄ってみたいとウズウズしていた私の心中をあらかじめ予想していたのだろう。事前にその牧場に連絡を取って、柵越しに馬とふれあう許可をもらっているという。

もう嬉しいのなんのって、カミさんと共に急ぎ堤を下り、金網張りの柵にすり寄る。

遠くで牧草を食んでいた馬群から2〜3頭がやって来て、柵のテッペン部から顔を差し出す。

まさか、まさかと焦りつつ、ままよと鼻面を撫でてみる。許してくれた!

「ありがとう、ワルイね」『いいってことさ、静かに頼むぜ』「アンタらの姿は子供の時から見てきたけど、触るのは生まれて初めてなんだ」『人間は臆病だからな、それより何か食べる物くれないか、出来れば人参がいいんだが』「あいにく仕事中で持ってないんだ」。足元の牧草を一掴みでも差し出したかったが、ここは牧場見学のルールを優先した。(※)

今日は良い日である。束の間だったが馬との会話は楽しかった。ではお次の目的地へと車に戻ろうとしたところ、正に唐突にある映画のシーンが脳裏に蘇った。

西部劇の名作中の名作、『シェーン』のラストシーンである。馬の背に身を任せ、遠くに去り行く主人公に、彼を慕う少年が懸命に呼びかける。

「シェーン、カムバーック」。

※牧場見学のルールとマナーに関しては『競走馬のふるさと案内所』ウェブサイトを参照のこと。

馬との束の間のふれあいに、なぜかあの映画の名場面が蘇る。(※通常は柵越しでも馬に触れるのは厳禁です)

思いもよらぬサラブレッドとの接近に触発されたのだろう。私が日々暮らしている関東の街では決して起こりえない体験である。

## 森進一に擦りこまれた襟裳岬の印象ははたして

『襟裳岬』の地名に付いては40年以上も昔のある時期、今や演歌の名歌手の一人と称される森進一から、毎日のように聞いていた。イヤ直接にではない、そんな訳はありません。レコードである。岡本おさみ作詞、吉田拓郎作曲『襟裳岬』は発売後すぐに購入、一日として聞かない日はなかった。

自分は森進一の静かなる大ファンである。

デビュー当初、先ずあの歌声にやられてしまった。ハンパではないハスキーボイスは常に黄昏時のように昏く、それが自分の心の波長に合うのだった。新人にしては歌の上手さも抜群だったのではないか。以後リリースされたLPは欠かさず手に入れ、今も大切にしている。

さて地名だけ馴染みの襟裳岬を、今回の旅で初めて目前にした。

北海道の背骨に該当するらしい日高山脈はノシノシ標高を下げてきて、風呂にでも浸かるように太平洋に入り込んで行くと、その程度の知識は眼だか耳だかにして持っていたのだが、そしてまた雄大な情景を想像していたのだが、残念にもそれは空中からでなければ把握出来ないことなのだと分かった。

まあ、アタリマエの話なのだ。雄大な情景を部分だけで知るのは難しいのである。

全体のほんの一部分であろう襟裳岬は、ゼニガタアザラシが幅を利かせる岩礁地帯であり、風速10m毎秒の風が年間２６０日、時には30m以上も珍しくないという国内有数の強風地域でもあるらしい。

自分は岬の先端より、少し手前の入り江に魅力を感じ、そこを一望出来る場所でカミさんやスタッフの帰りを待つことにした。左右共に10数m位はありそうな岩壁が急激に海に落ち込み、点々とある岩礁が波に洗長年の森進一ファンとしては、一度拝んでみたかった襟裳岬。

# つげ忠男の 日高路たそがれ旅

われている。少し大げさな表現に思えるけれど、成る程、この様子は確かに海に消えゆく日高山脈である。

なぜなのか、この場には孤立・隔絶といった状況が発する、ある種の無常感が漂っているような気がしてならなかった。

今日は無風だが、ここが連日風に曝されていたりしたら、その気配は更に増幅するのだろう。

――北の町ではもう　悲しみを
暖炉で……――。

春待つ歌を唄う、森進一のあの声が聞こえてきそうである。

## ふと見つけた稲荷は、住人たちの祈りの場

日高管内様似町、『エンルム岬』では素直な眼と心で風景の美しさを楽しんだ。小高い岬から足下を望むと、薄く草木に覆われた丘陵地帯が終わる海岸線には家並が広がり、すぐ眼の前は漁港である。

入り江になっているせいか波も無い平たい海面に漁船が二艘、疲れを癒

海を望む風景の中に際立つ真紅の鳥居。思わず私も手を合わせる。

すように揺蕩《たゆた》っている。しばらく眺めていたけれど人影一つ動かない。明るい陽ざしの下の平穏なとても良い風景である。

著名な画家がすっかり素人に戻り、自身が大いに楽しむために描いた絵のように、伸びやかで長閑な空気が横溢しているのだ。またしても『旧マンロー邸』の時のように、この場所で暮らしてみたいという思いが去来する。

岬を下る途中、海に面して建つ小さな稲荷堂を発見。来る時は見逃していたのだった。

さっそく立ち寄ってみる。年配の女性が二人先に居て、巫女さんらしい一人が堂の前に座し、なにやら祈りの言葉を呟いている。その後ろに神妙な様子で立っているもう一人が依頼人らしかった。何気なしに顔が会ったところで挨拶を交わす。そうなるとポツポツ会話も生じる。

聞けばこの稲荷堂は個人の建立だという。建立の理由はこの地の漁師たちの無事と、常の豊漁を願ってとのことだった。

自分らも幾ばくかの硬貨を賽銭箱に投じ、合掌……。

お稲荷さんは海を真正面に腰を据えている。

鳥居と堂の真紅が海の色に映え、ここでもまた一枚、心に残る絵に出会った。

エンルム岬から見下ろす入り江。海と共に暮らす地元の人々の日常がそこにある。

# 名馬の生まれる郷へ

広々とした緑の牧場で、サラブレッドが悠々と草を食んでいる。山と海に続いては、馬産地・日高の歩みや現在を知る旅へ。迎えてくれたのは、競走馬のつぶらな瞳だった。

日高路には、そこかしこにサラブレッドの牧場がある。馬産地ならではの風景だ。

# サラブレッドに関わる人々の熱き思いに触れる。

蹄鉄の取り外し。素早く作業を進めることで、馬への負担が少なくなる。

調教スタッフの柳瀬類さん。「同じ名前じゃないですか」。

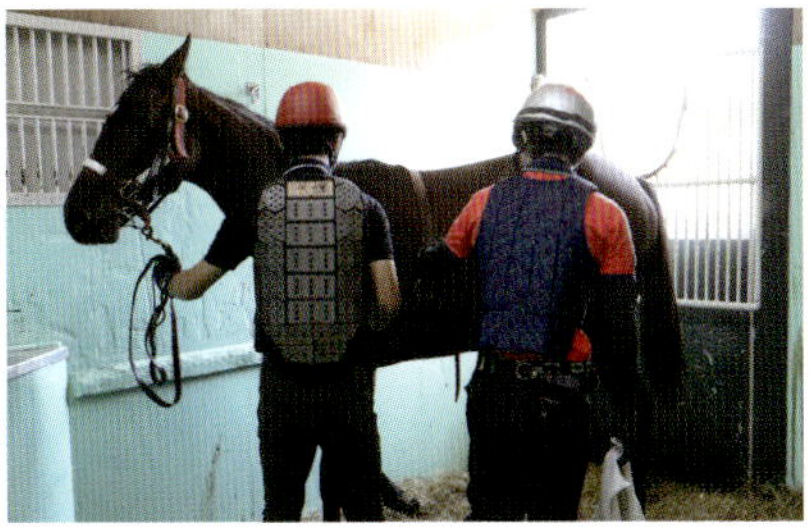

装鞍する前に、革ベルトのストラップで馴れさせる。鞍を着けるまでにも、人の手がかかっている。

よく調教されたいい馬です

約40年前に海外から取り入れた技術というランジングは、専用の丸馬場で行う。

夕日に照らされた牧場を、サラブレッドが颯爽と駆ける。そんな馬の走る美しい姿に、見惚れる人も多いだろう。日高地方は全国の競走馬の約80%を生産する「名馬の故郷」だ。

日高の馬産の歴史は長く、始まりは江戸末期までさかのぼる。夏は冷涼、冬は雪が少ない環境は馬産に好条件で、明治5年（1872）には開拓使（後に長官）の黒田清隆が『新冠牧場』を開設。同40年（1907）、浦河町に馬の改良と馬産振興を目的とした『日高種馬牧場』が開かれ、馬産地の基盤が築かれていく。

現在も馬に関わる施設や牧場が多数あり、中でも中心的存在なのが、世界レベルの施設と調教技術を有する『日高育成牧場』だ。通常、見学ツアー以外で一般客は立ち入れないが、今回は特別に案内してもらった。

まず、騎乗馴致《じゅんち》のランジングというメニューを見学する。「大事なのは人と馬のコミュニケーション作りです。馴致は人に馴れさせるための訓練で、ランジングもその一つ。馬に人の音声コマンドを理解させ、発進や加速、

# 世界最先端の施設と技術、すべては強い馬の育成のため。

減速、停止をスムーズに行えるよう調教します」と、業務課長の冨成雅尚さん。

その他、装鞍《そうあん》に馴れさせるローラー装着など数多くのステップを経て、ようやく人を安全に騎乗させられるようになるのだという。

続いて、蹄鉄《ていてつ》作りの現場へ。蹄鉄とは蹄《ひづめ》の摩滅を防ぐための鉄の保護具で、馬の靴のようなもの。馬は一頭一頭、蹄の形や厚さが違うので、馬ごとに蹄鉄を作り、装着しなければならない。その役目を担うのが「装蹄師」。サラブレッドの命ともいえる脚を守る、大切な仕事だ。

蹄鉄作りは、コークスで真っ赤に熱せられた1本の鉄をハンマーでたたくことから始まる。目の前で、さっきまでただの棒だった鉄が、見る見る形を変えていく。その手さばきに、類さんも「見事だね…」と驚きの表情。

記念にと、実際に使っていた蹄鉄をプレゼントしてくれた。なんでもヨーロッパでは、扉に蹄鉄を飾ると魔除けになるらしい。「これはいいことを聞いた。試してみよう」。

燃え盛るコークスで鉄を十分に熱し、軟らかくする。火元から離れていてもかなり熱い。

装蹄師の吉川誠人さん。一人前になるまで15年はかかるという。

蹄鉄作りはまさに職人技。馬ごとに個体差があるので、一つ一つすべて手作業で作られている。

天候に左右されない1,000mの屋内坂路馬場は、世界屈指の規模。

広大な敷地に調教場や各種馬場、研究棟などが点在している。

遥か彼方を遠望できる広々とした草原で、サラブレッドも気持ちがよさそう。

JRA
## 日高育成牧場

場内を公開する見学ツアーは毎年夏期に開催。グラス馬場や屋内直線馬場などの各施設を案内付きで巡る。時期により、体験乗馬や造鉄・装蹄実演などの特別企画も実施。詳細は問い合わせを。

浦河郡浦河町字西舎535-13
TEL.0146-28-1211
浦河町役場より車で20分

MAP P015

牧場を見下ろせる高台があるというので、馬と一緒に向かってみた。見渡す限りの草原が、陽光を受けてキラキラと輝いている。愛おしそうに馬を撫で、「キミにはやっぱり、こういう広々とした景色が似合うね」。

『日高育成牧場』には、約１５００haもの敷地に広大な草原を利用したグラス馬場や、ウッドチップを敷き詰めた全長１０００mの屋内直線馬場など、最先端の施設がそろっている。これまでオークス馬のファイブホープやイソノルーブルなど、数々の名馬がここから巣立っていった。

「私たちは、欧米の育成技術や最新のスポーツ科学などを取り入れ、日高の風土を生かしながら若馬の育成技術・調教方法を研究しています。そうして得たデータを生産者など関係者にフィードバックし、全体のレベルを底上げしていく。それが、我々の重要な使命です」と冨成さん。その先に見据えるのは〝世界で勝てる馬〟。これまで以上に、日高で育ったサラブレッドたちが、世界のレースシーンの主役になることを目指して。

# サラブレッドの晴れ舞台を見るべく馬産地の競馬場へ。

『日高育成牧場』で競走馬の生産・育成に懸ける熱い思いを知った類さん。これは実際に走る姿を見なければと、ホッカイドウ競馬開催中の『門別競馬場』を訪ねた。

ホッカイドウ競馬は、道主催の地方競馬である。4月中旬〜11月上旬の毎週火・水・木曜を基本に80日間レースが行われ、全日程で「グランシャリオナイター」を実施しているのが特徴だ。ライトアップされた馬場を走り抜ける馬たちを見に、多くの競馬ファンが集まる。

全国の地方競馬の中ではコースの規模が大きく、設備も整っているが、どこか和やかな空気感が漂うのは、家族連れが多いせいか。子供たちのはしゃぐ姿を見て「こういう競馬場が近くにあったら、家族ぐるみで遊びに来られますよね」と類さんが目を細める。

せっかくなので、1レース勝負してみることに。パドックでどの馬が来るのか、真剣に選びながらも「こんなに近くで見られるんだ。みんなかわいいね」と、あくまでマイペースなのが類さんらしい。

この日、類さんは3連複の馬券を購入。ちなみに連複とは、選んだ3頭がどの順位でもいいので、1〜3着に入ればアタリ、という馬券。検討した結果、お眼鏡に適ったのはやはり、すべて日高町で生産された馬だった。

ゲートが開いて一斉にスタート。向こう正面のストレートをあっという間に駆け抜けて3コーナーへ。予測のつかない競り合いに、類さんの馬券を握る手にもグッと力が入る。

残念ながら今日は惜敗。「でも楽しかったよ。競馬場で間近に見るレース

サラブレッドが最後の直線をトップスピードで駆け抜けていく。

パドックで馬をじっくり見る。蹄鉄の音や馬の息遣いまで感じる近さに「この距離で見られるのは楽しいね」。

は桁外れの迫力があるね」。馬が懸命に走る姿を見られただけで、馬券分以上には十分楽しめたようだ。

レースの興奮冷めやらぬまま、名物というバケツジンギスカンを食す。名前の通りバケツの底に火元があり、上に鍋が置かれている斬新なスタイルだ。ジンギスカンは味付けタイプのラムで、柔らかく特製ダレの味もちょうどいい。場内で、食事をメインに楽しむ人たちが多いというのも頷ける。負けたことなどすっかり忘れて、夢中で箸を運ぶのだった。

ジンギスカンは2～3人前のAセット2,600円、4～5人前のBセット3,600円。

オリジナルグッズが並ぶショップ。外れ馬券の供養箱もある。

## 門別競馬場

平地競走では、道内唯一の地方競馬場。レストランやレジャー施設があり、家族連れも楽しめる。開催日にはJR札幌駅北口からの無料送迎バスも運行。

沙流郡日高町富川駒丘76-1
TEL.01456-2-2501
開催は4月中旬～11月上旬の火・水・木曜（変動あり）
日高自動車道・日高富川ICより車で10分
MAP P015

# サラブレッドの背に揺られ、林をトレッキング。

日高は気軽に乗馬体験ができるスポットも数多い。新冠町の高台にある『にいかっぷホロシリ乗馬クラブ』は、周辺に牧場が広がり、林の向こうに太平洋を見はるかす抜群の立地。そんな環境のよさもさることながら、ここの最大の特徴は、元競走馬のサラブレッドに乗れることである。

「現役のときファンだった馬に乗りたいと、遠方からいらっしゃるお客様も多いですよ」とは、業務部長の加藤結さん。GⅡの京都大賞典を制したナリタセンチュリーなど13頭の元競走馬が、引退後も活躍している。

乗馬メニューは、初心者向けの「曳き馬」や海まで下りて砂浜を歩く「オーシャントレイル（500鞍以上の経験者・2名～）」など全10種で、類さんが楽しんだのは、自分で手綱をさばく「体験トレッキング」。初めて馬に乗る人も体験できるメニューながら、一人で馬を操るため、曳き馬よりも断然充実感があるという。

相棒は、真っ白な馬体が美しい「クーリンガー」、かつての人気サラブレッドである。類さんはヘルメットと

まずは馬場内で練習。馬はよく調教されていて、馬好きの類さんの言うことを素直に聞いてくれる。

練習開始早々、馬と気脈が通じ自在に乗りこなす。

誘導馬に続いて林の中へ。視線が高く、木の枝がすぐ近くに。

林を抜けてトレッキングは終了。楽しい時間はたちまち過ぎる。

## にいかっぷホロシリ乗馬クラブ

手軽な曳き馬から本格的なトレッキングまで、体験者のレベルに応じた乗馬メニューをそろえる。初心者でも林間へ出られる、レッスン付きの「体験トレッキング」が人気。

新冠郡新冠町字節婦町71-11　TEL.0146-47-3351
9:00〜17:00(受付〜16:00)　無休(12月26日〜1月7日を除く)
料金／曳き馬1,500円、体験トレッキング7,500円他
道の駅『サラブレッドロード新冠』より車で7分 MAP P015

気持ちいいね

ブーツを着用し、ブリティッシュスタイルという紳士の装いに。

最初に20分ほど、馬場で手綱の操作やスタート・ストップの合図を練習する。類さんの乗馬姿勢を見て、「さすがに慣れてますね」と加藤さん。

練習が終わったら、いよいよトレッキングが始まる。コースは馬場の前に広がる林間。２㎞弱の道のりを、スタッフが乗る誘導馬と共にゆっくり歩いていく。木々の緑が深く、ちょっとした冒険気分だ。馬の背で浴びる木漏れ日の心地よいこと。

最初は乗馬に集中していた類さんもすぐに、「あそこに海が見える！」と景色に目をやる余裕も。「馬の背は快適だけど、バランスを取るのがなかなか難しいよ」と言うが、いやいやしっかり乗りこなしている。

30分ほどでトレッキングは終了。クーリンガーは、すっかり類さんに懐いたようだ。「馬は人を見ますから」と、いたずらっぽく笑う類さん。人間ならこの後一杯、というところだが、最後はお疲れ様のニンジンで、クーリンガーとの友好を深めた。

浦河産イチゴ「すずあかね」シロップのソーダとシェイク各299円。

「季節のやさいピザ」180円など好みのパンにスープ300円を合わせて、セット風に楽しめる。

## ぱんぱかぱん

MAP P014

「家族みんなが毎日おいしく食べられるパンを」と、安全安心な食材を使用。味はもちろん、良心的な価格にも真心が。

浦河郡浦河町堺町東1-1-1　TEL. 0146-22-4595
10:00〜18:30
(売り切れ次第終了。カフェ利用は11:00〜15:00)
日・月曜休　浦河町役場より車で5分

店内にはカフェスペースがあり、イートインも可。

店のすぐ裏は太平洋という最高の環境。海に面したテラスが特等席。

# できる限り日高の食材を。地元愛に満ちた〝道産粉《どさんこ》〟パン。

馬産地・日高の魅力に触れた後は、浦河の町をぶらりと歩いてみる。

海岸沿いで、お洒落なパン屋さんを見つけた。扉を開けると、パンの焼ける香ばしい匂いが店中に満ちている。『ぱんぱかぱん』に並ぶのは、道産小麦100%のパンだ。「春よ恋」の食パンや子供に大人気のクリームパン、惣菜パンなど定番・季節替わり合わせて35種ほどが並んでいる。

「日高・浦河には粒ぞろいの食材がたくさんあるので、積極的に使うようにしています」と店主の以西明《いさいあけ》美《み》さん。パンのようにほっこり温かな人柄が、その笑顔から伝わってくる。

快晴のもと海の前のテラス席で食べることに。まずは、「季節のやさいピザ」から。こぼれそうなほど盛られた野菜とチーズ、そのすべてを香り豊かな生地が受け止める。

続いてはクリームパン。「口当りがよく、上品な味です」、そう類さんが言う通り、甘すぎず、ふっくらとしたパンの食感が素晴らしい。浦河産のイチゴ「すずあかね」のソーダを飲み干し、さて、散歩を再開するとしよう。

# 映画と共に歩んできた100年に思いを馳せる。

浦河の中心部には、全国的にも有名な〝100年映画館〟がある。大正7年（1918）開館の『大黒座』だ。映画好きの類さんが、見逃すはずはない。立ち寄ると4代目館主の三上雅弘さんが応対してくれた。三上さんは言う。「最近は映画館って言わないでしょ。シネコンとかなんとか。私は〝映画館〟を残したいんです」。

道路拡幅に伴い、平成6年（1994）に改装した館内は、全48席とこぢんまり。座布団が敷かれた椅子の座り心地のよさに驚いていると、『旭川家具』ですよ」と教えてくれた。

類さんが椅子に深く腰掛けてポツリ。「こういうところだと、映画好きの少年が育つよね。子供のころ、隣町にこんな映画館があったなあ」。

上映は1日3〜4回。2本目には1000円となるはしご割り引きなど、ユニークなサービスも行っている。

三上さんと妻の佳寿子さん、三上さんの母・雪子さんの3人が守り継ぐ、町の小さな映画館。浦河に映画の灯を絶やさぬ努力を続ける一家の静かな決意に、胸が熱くなった。

## 大黒座

当初は芝居小屋として開業。サイレントの時代から映画を上映し続けてきた。浦河在住ジャズベーシストのライブをほぼ毎月実施。

浦河郡浦河町大通2-18　TEL.0146-22-2149
上映は10:30〜、13:30〜、19:00〜の1日3回（変動あり）
浦河町役場より車で3分　MAP P014

館内は人の温もりを感じる、程よい大きさ。「ここで、昔懐かしい映画を観てみたいな」と類さん。

映画館のアイドル ネコ・チビちゃん。類さんとも仲良しに。

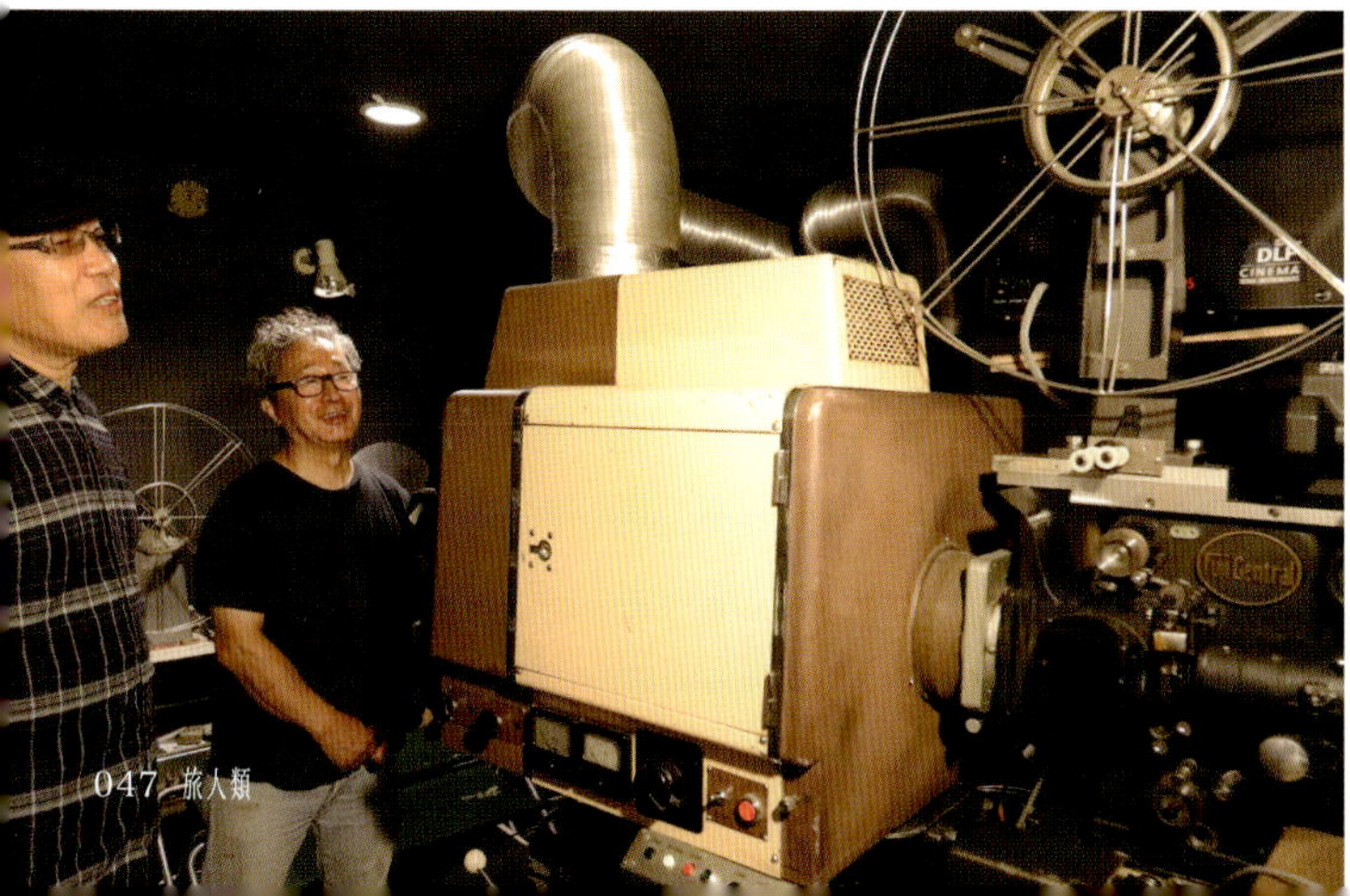
上映には年代物のフィルム映写機とデジタル映写機を併用している。

三上さんの母・雪子さんは90歳を超えた今も現役。

# 港町の老舗酒場で、酒と女将の人情に酔う。

浦河の夜、名物女将がいると聞き『酒仙《しゅせん》』の暖簾をくぐる。開業は昭和45年（1970）と、界隈の中ではかなりの老舗。カウンターの中で忙しそうに立ち働く女将の佐藤潤子さんのきっぷのよさと、そして何よりうまい肴を楽しもうとやって来る常連客が、開店早々に席を埋めていく。

メニューはなく、その日のおすすめを聞いて選ぶのが酒仙流。今日は、日高沖で揚がったいい型のシシャモがあるというので、早速注文。炭火で香ばしく焼き上げられたシシャモを、よく冷えたビールで流し込む。

佐藤さんは生まれも育ちも浦河。生家はかまぼこ店を営んでいただけに、魚のすり身から手作りする揚げかまぼこが、しみじみとうまい。

「類さん、これも食べてみて」と出されたのは、意外にも手羽先ギョウザだった。港町で肉を食べるのも一興。がぶりと頬張れば熱々の手羽の中にたっぷり具が入っており、肉汁がほとばしる。「火傷しないでよ！」と女将が笑う。気が付けば、みんなの笑顔と炭火焼きの煙に包まれていた。

炭火で身を崩さず上手に焼かれたシシャモ。ほろ苦さが酒を呼ぶ。

カウンターには、お手製の大皿料理がずらりと並ぶ。さて、どれにしようか。

## 酒仙《しゅせん》

炭火の焼き物を中心に、新鮮魚介の刺身やお惣菜など季節の料理が味わえる。どれも店主・佐藤さんの手作りで、心まで温まるおいしさ。

浦河郡浦河町大通3-11 MAP P014
TEL.0146-22-2478 18:00～23:00
日曜・祝日休 浦河町役場より車で3分

面倒見のいい潤子さんに好みと予算を伝えて、後は身を委ねよう。

地元のご夫妻と乾杯。また一つ、忘れられない出会いがあった。奥には広めの座敷席もある。

# 寡黙な料理人が作る、日高の幸の饒舌な一皿。

日高らしい佳肴で一献傾けようと向かったのは、新ひだか町静内の小さな飲み屋街「静宝通り」。お目当ての『くいどころ 北酒場』は、料理人歴40年の店主・稲垣秀二さんの技と感性が光る隠れた名店だ。

メニューは焼き物に揚げ物、軽い肴から鍋と優に50種以上はある。ここは焦らず、日高を代表する山の幸「えぞ鹿ステーキ」からいこう。

一週間低温熟成させたエゾシカのモモ肉は、身が締まっているのに柔らか。ほのかな野性味が、アクセントになっている。「肉自体のよさに加えて、焼き加減、ソースも絶妙ですよ」。

続いては、常連さんに薦められ「イカゴロルイベ」を注文。「凍っている状態もいいけど、半分溶けたぐらいが最高」と聞き、その通りに味わう。ゴロ（内臓）がトロトロと濃厚で、これは確かに酒に合う。

磨き上げられた板場で、リーゼントがトレードマークの稲垣さんが黙々と調理を続けている。「料理人が寡黙な店に、僕の好みに合わないところはないんだ」。類さんがそっとつぶやいた。

類さんと話していると、稲垣さんも自然と笑顔に。

サンドブラストで類さんの顔を描いた瓶。類さんファンが持ってきてくれた。

## くいどころ 北酒場

店主が長年培ってきた洋食技術を生かした、和・洋・中の多彩な料理を提供。イチオシは、日高産のエゾシカ肉を使った一皿。豚肉中華ザンギなど個性派メニューも見逃せない。

日高郡新ひだか町静内本町2-2-6
TEL.0146-43-1177　17:30〜22:00ごろ
日曜休（月曜が祝日の場合は日曜営業、月曜休）
新ひだか町役場 静内庁舎より車で4分 MAP P015

「えぞ鹿ステーキ」880円と「イカゴロルイベ」480円、「大助ハラス焼き」680円。

まだまだある！

# 日高エリアの寄り道スポット❷

新冠町

思い出の一枚もきっと見つかる

## レ・コード館

「20世紀の文化遺産であるレコードを世界的スケールで収集しよう」。あるレコード愛好家の発案から平成9年(1997)に誕生した。全国からレコードの寄贈を受け、一緒に寄せられた思い出と共に保管している。道内外はもとより海外からも贈られたレコードは現在100万枚に到達し、寄贈レコードの受付は終了したという。リスニングブースではレコードの持ち込みも可能だ。

新冠郡新冠町字中央町1-4
TEL.0146-45-7833
9:00〜21:00(見学コースは10:00〜17:00)
月曜休(祝日の場合は翌日)
入館料／大人300円、
高校生200円、小中学生100円
新冠町役場より車で2分

MAP P015

ずらりと並んだジャケットも圧巻。あらゆる時代とジャンルを網羅している。

貴重なレコード黎明期の盤には、時代背景の解説も。

ミュージアムでは、歴史的価値のある蓄音機なども展示。

「日本の道百選」「さくら名所100選」「北海道遺産」にも選ばれた、北海道が誇る桜の名所。

桜のトンネルが広がる小道も人気で、より間近に桜を堪能できる。

明治42年(1909)建造の『龍雲閣』。内部には国宝級の品々が保存されている。

新ひだか町

国内屈指の桜の名所

## 二十間道路桜並木

静内田原〜静内御園に続く約7kmの直線道路。毎年5月上旬から中旬にかけて、両脇に植えられた約3,000本のエゾヤマザクラが道を覆わんばかりに咲き満ちる。かつてこの地にあった宮内省の御料牧場を視察する皇族の行啓道路として造成された道だ。また、皇族や政府高官の貴賓舎として建てられた御殿造の『龍雲閣』が、毎年5月上旬に開催の「しずない桜まつり」の期間のみ一般公開される。

日高郡新ひだか町静内田原〜静内御園
TEL.0146-42-1000(新ひだか観光協会)
日高自動車道・日高厚賀IC
(平成30年4月21日開通予定)より車で40分

MAP P015

まだまだある！
# 日高エリアの温泉スポット

露天風呂の浴槽は、平取町産の銘石「幸太郎石」。

沙流郡平取町字二風谷92-6
TEL.01457-2-3280
日帰り入浴
10:00～22:00(受付21:30まで)
大人420円
日高自動車道・日高富川ICより車で20分
MAP P015

開放的な空間が心地よい大浴場。ジャグジーや乾式サウナの他、日高では珍しい高濃度炭酸泉の湯も人気だ。

森林浴を楽しみながら、天然温泉でリラックス

平取町

## びらとり温泉 ゆから

『二風谷ファミリーランド』内にある温泉宿。豊かな自然に囲まれ、森林浴気分で入浴できる。大浴場、露天風呂、貸切家族風呂はすべて、体がじっくりと温まる強塩冷鉱泉の湯。びらとり和牛など地元食材を満喫できるレストランもあり、日帰りでも終日楽しめる。

大浴場からも海を眺望できる。サウナ、ジャグジーも完備。

日高郡新ひだか町三石蛯舞162
TEL.0146-34-2300
日帰り入浴
10:00～22:00(受付21:30まで)
大人440円
日高自動車道・日高厚賀IC
(平成30年4月21日開通予定)
より車で1時間
MAP P015

まるで海と一体化したような露天風呂。
舟を模した浴槽もユニークだ。

太平洋を一望できる格別な露天風呂

新ひだか町

## みついし昆布温泉 蔵《くら》三《ぞう》

日高の新鮮な海の幸・山の幸を堪能できる、全16室の小さな宿。露天風呂からは海景色が広がり、波音を聞きながら水平線に沈む夕日や星空を眺める湯浴みは、忘れ難い旅の記憶になりそうだ。三石昆布を浮かべた「昆布湯」のまろやかな湯も、ぜひ体験を。

大浴場にはサウナと水風呂も完備。シャンプーなども用意されている。

沙流郡日高町字富岡444-1
TEL.01457-6-2258
日帰り入浴
10:00～21:00(受付20:30まで)
月曜13:00～、
7・8月～20:30(受付20:00まで)
朝風呂6:00～9:00(受付8:30まで)
7・8月は朝風呂営業なし
大人500円
道東自動車道・占冠ICより車で15分
MAP P015

アウトドアで遊び、温泉で疲れを癒す

日高町

## 沙流川温泉 ひだか高原荘

近隣の『沙流川オートキャンプ場』や『日高国際スキー場』などの利用者も多く訪れ、日帰り・宿泊客で一年を通して賑わう温泉宿。肌に優しい単純硫黄冷鉱泉の湯は、疲れた体に染み入る。清流日本一にも選ばれた沙流川の水を使って養殖された、川魚料理も美味。

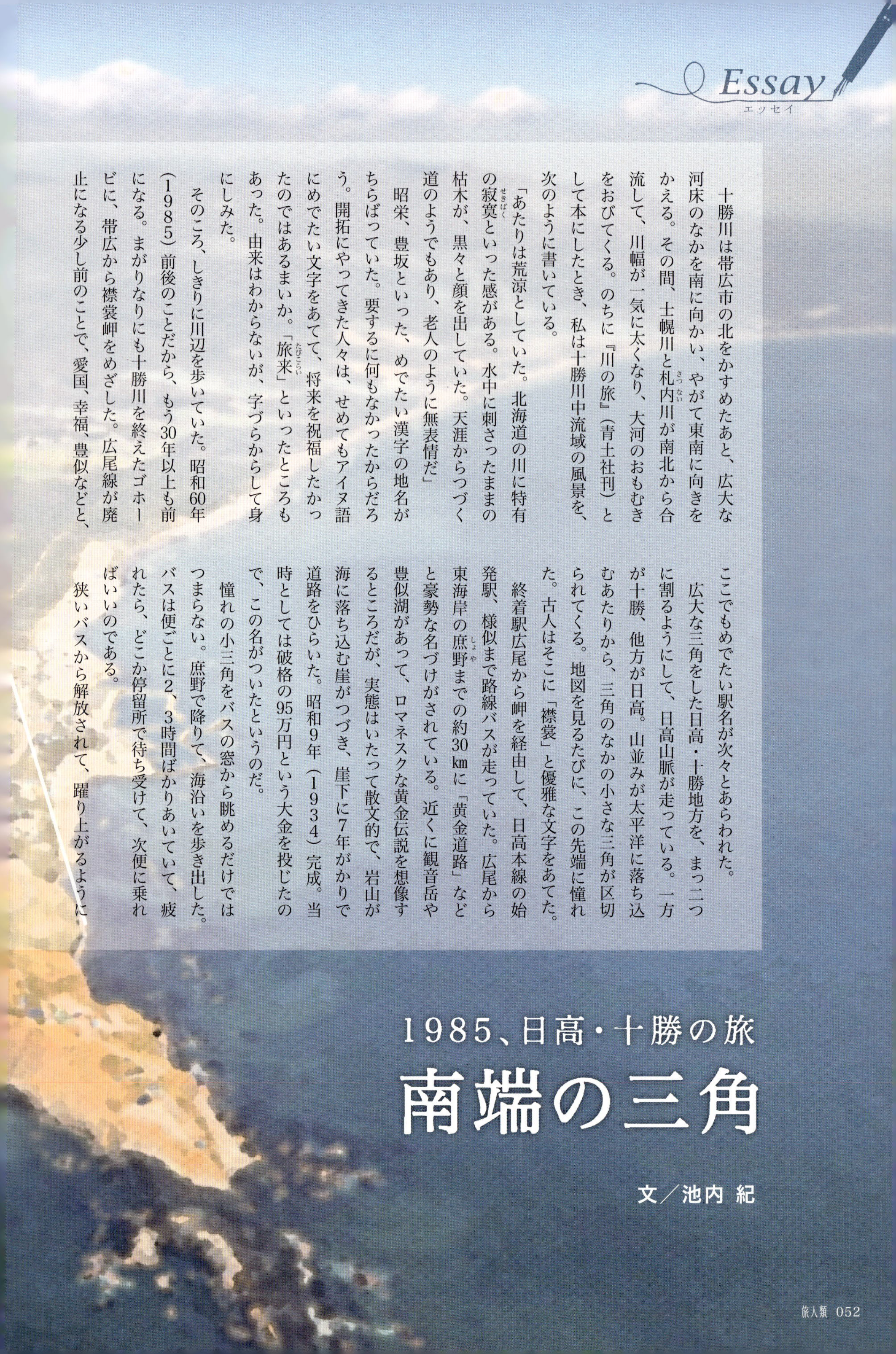

## 1985、日高・十勝の旅

# 南端の三角

文／池内 紀

十勝川は帯広市の北をかすめたあと、広大な河床のなかを南に向かい、やがて東南に向きをかえる。その間、士幌川と札内《さつない》川が南北から合流して、川幅が一気に太くなり、大河のおもむきをおびてくる。のちに『川の旅』（青土社刊）として本にしたとき、私は十勝川中流域の風景を、次のように書いている。

「あたりは荒涼としていた。北海道の川に特有の寂寞《せきばく》といった感がある。水中に刺さったままの枯木が、黒々と顔を出していた。天涯からつづく道のようでもあり、老人のように無表情だ」

昭栄、豊坂といった、めでたい漢字の地名がちらばっていた。要するに何もなかったからだろう。開拓にやってきた人々は、せめてもアイヌ語にめでたい文字をあてて、将来を祝福したかったのではあるまいか。「旅来《たびこらい》」といったところもあった。由来はわからないが、字づらからして身にしみた。

そのころ、しきりに川辺を歩いていた。昭和60年（1985）前後のことだから、もう30年以上も前になる。まがりなりにも十勝川を終えたゴホービに、帯広から襟裳岬をめざした。広尾線が廃止になる少し前のことで、愛国、幸福、豊似などと、ここでもめでたい駅名が次々とあらわれた。

広大な三角をした日高・十勝地方を、まっ二つに割るようにして、日高山脈が走っている。一方が十勝、他方が日高。山並みが太平洋に落ち込むあたりから、三角のなかの小さな三角が区切られてくる。地図を見るたびに、この先端に憧れた。古人はそこに「襟裳」と優雅な文字をあてた。

終着駅広尾から岬を経由して、日高本線の始発駅、様似まで路線バスが走っていた。広尾から東海岸の庶野《しょや》までの約30㎞に「黄金道路」などと豪勢な名づけがされている。近くに観音岳や豊似湖があって、ロマネスクな黄金伝説を想像するところだが、実態はいたって散文的で、岩山が海に落ち込む崖がつづき、崖下に7年がかりで道路をひらいた。昭和9年（1934）完成。当時としては破格の95万円という大金を投じたので、この名がついたというのだ。

憧れの小三角をバスの窓から眺めるだけではつまらない。庶野で降りて、海沿いを歩き出した。バスは便ごとに2、3時間ばかりあいていて、疲れたら、どこか停留所で待ち受けて、次便に乗ればいいのである。

狭いバスから解放されて、躍り上がるように

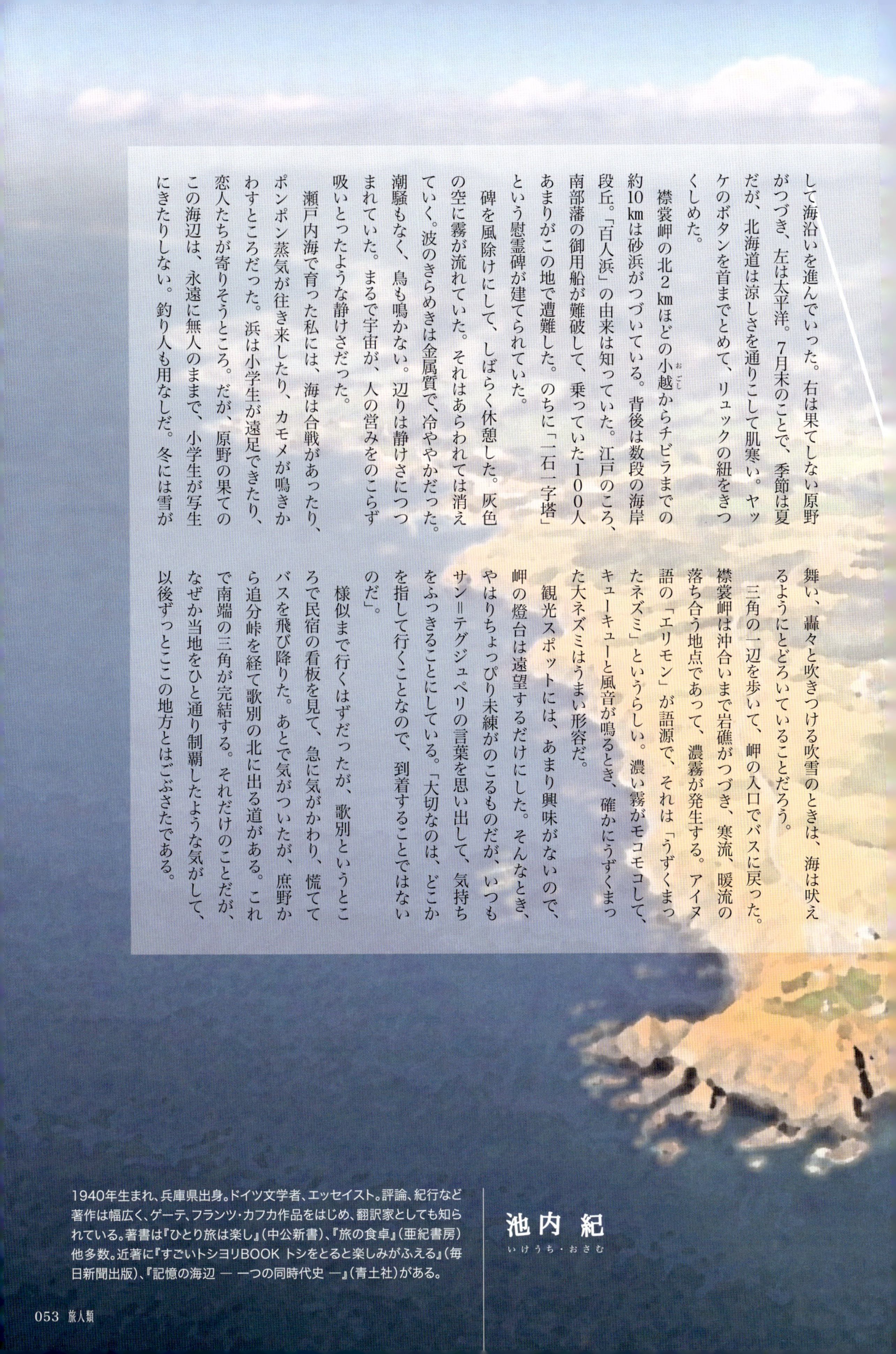

して海沿いを進んでいった。右は果てしない原野がつづき、左は太平洋。7月末のことで、季節は夏だが、北海道は涼しさを通りこして肌寒い。ヤッケのボタンを首までとめて、リュックの紐をきつくしめた。

襟裳岬の北2㎞ほどの小越《おごし》からチビラまでの約10㎞は砂浜がつづいている。背後は数段の海岸段丘。「百人浜」の由来は知っていた。江戸のころ、南部藩の御用船が難破して、乗っていた100人あまりがこの地で遭難した。のちに「一石一字塔」という慰霊碑が建てられていた。

碑を風除けにして、しばらく休憩した。灰色の空に霧が流れていた。それはあらわれては消えていく。波のきらめきは金属質で、冷ややかだった。潮騒もなく、鳥も鳴かない。辺りは静けさにつつまれていた。まるで宇宙が、人の営みをのこらず吸いとったような静けさだった。

瀬戸内海で育った私には、海は合戦があったり、ポンポン蒸気が往き来したり、カモメが鳴きかわすところだった。浜は小学生が遠足できたり、恋人たちが寄りそうところ。だが、原野の果てのこの海辺は、永遠に無人のままで、小学生が写生にきたりしない。釣り人も用なしだ。冬には雪が舞い、轟々と吹きつける吹雪のときは、海は吠えるようにとどろいていることだろう。

三角の一辺を歩いて、岬の入口でバスに戻った。襟裳岬は沖合いまで岩礁がつづき、寒流、暖流の落ち合う地点であって、濃霧が発生する。アイヌ語の「エリモン」が語源で、それは「うずくまったネズミ」というらしい。濃い霧がモコモコして、キューキューと風音が鳴るとき、確かにうずくまった大ネズミはうまい形容だ。

観光スポットには、あまり興味がないので、岬の燈台は遠望するだけにした。そんなとき、やはりちょっぴり未練がのこるものだが、いつもサン＝テグジュペリの言葉を思い出して、気持ちをふっきることにしている。「大切なのは、どこかを指して行くことなので、到着することではないのだ」

様似まで行くはずだったが、歌別というところで民宿の看板を見て、急に気がかわり、慌ててバスを飛び降りた。あとで気がついたが、庶野から追分峠を経て歌別の北に出る道がある。これで南端の三角が完結する。それだけのことだが、なぜか当地をひと通り制覇したような気がして、以後ずっとここの地方とはごぶさたである。


**池内 紀**
いけうち・おさむ

1940年生まれ、兵庫県出身。ドイツ文学者、エッセイスト。評論、紀行など著作は幅広く、ゲーテ、フランツ・カフカ作品をはじめ、翻訳家としても知られている。著書は『ひとり旅は楽し』（中公新書）、『旅の食卓』（亜紀書房）他多数。近著に『すごいトシヨリBOOK トシをとると楽しみがふえる』（毎日新聞出版）、『記憶の海辺 — 一つの同時代史 —』（青土社）がある。

# 漫画家・鈴木翁二、わが町浦河を描く

70年代、伝説の漫画雑誌『ガロ』で活動を開始した漫画家・鈴木翁二。静謐な世界観と独自の時間感覚に彩られた作品で、根強いファンを持つ。浦河町で長年暮らす氏が、心の中のわが町の風景を描いた。現実にはない風景。しかしどこかノスタルジックな「うらかわ」である。

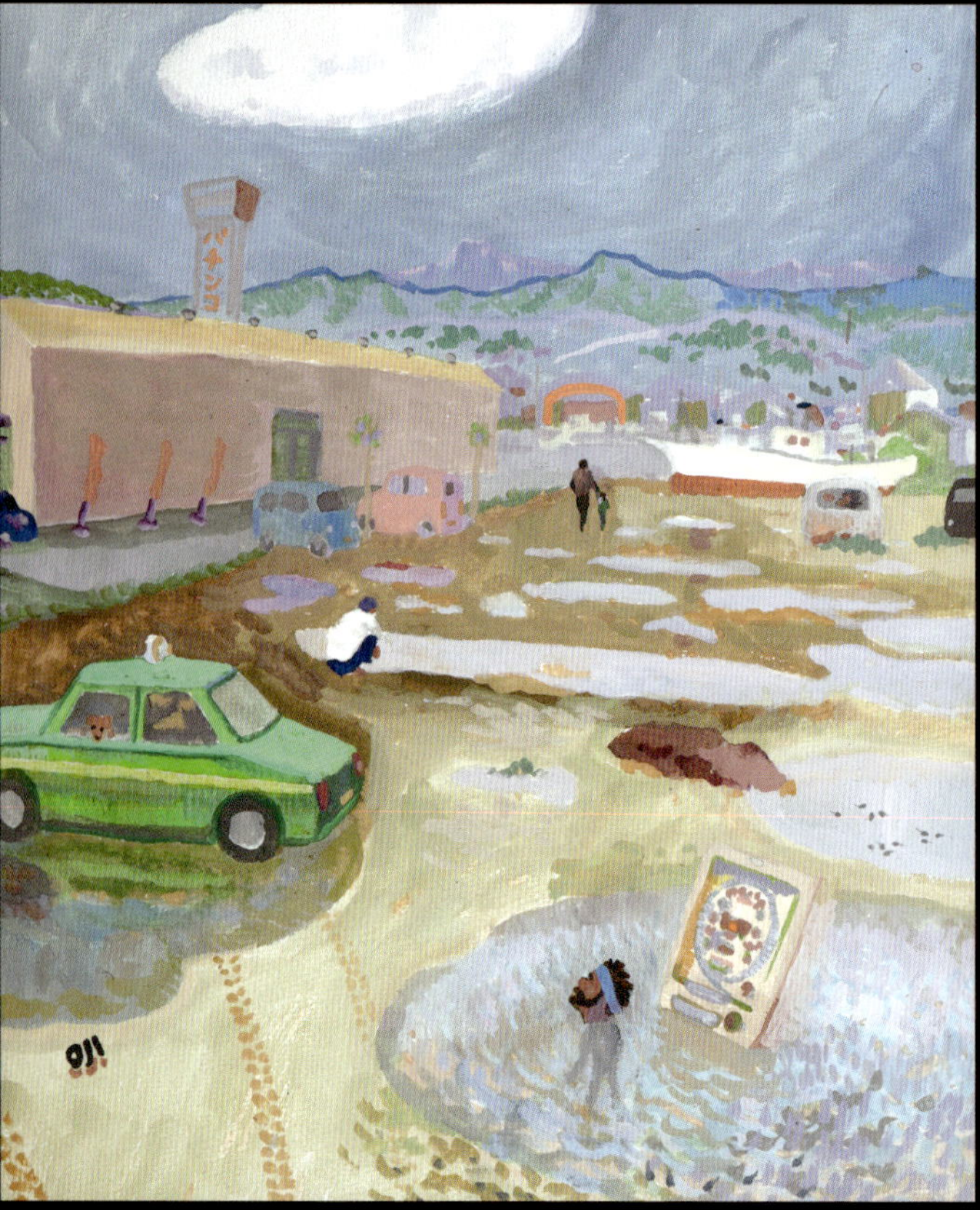

鈴木 翁二《すずき・おうじ》

1949年愛知県生まれ。1983年より浦河町在住。漫画家・絵本作家・映像作家・ミュージシャンとして活躍。その作風は抒情的、幻想的で『ガロ』出身作家の中でも特異な位置を占める。近著に『かたわれワルツ』(而立書房)、『オートバイ少女 新版』(ワイズ出版)。

「夕やけを買いに」

「ボクのまちの夕焼けはすごい」。真っ赤に燃え上がる夕やけ空に舞う海どりが、じわじわと濃くなる夕やみとともに浦河の町の象徴だ。

「水生祭」

十字街のはじに佇まって往き交う顔を眺め、かたわらの古びた映画館・大黒座の客となる。昔の映画と子供の頃観たお祭りのサーカスが脳裏をよぎる。

「花火を見る場所」

いっ瞬の明かるみにふり仰いだ時にはもう遅い、スターマインはすでに残像でしかない。家を出て海際へと向かうとすぐの防波堤が花火の特等席。

「みづたまりの王国」

雨上がりの浦河の町。海と水は私の世界観の主要モチーフだ。手をつなぐオトーサンと坊やが水たまりを覗くと、そこには少年期の空想世界がある。

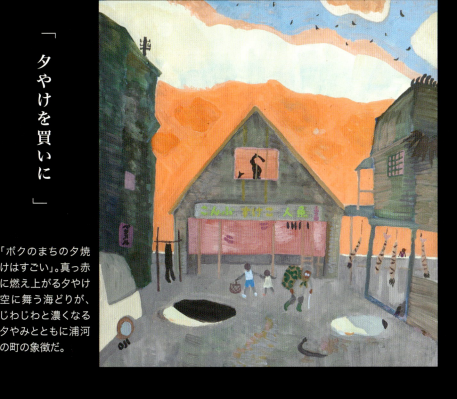

# 吉田類、十勝を旅する。

日高山脈の東側には、
農業王国・北海道を代表する

# 類旅Story
## 十勝編

豊穣の地、十勝地方。
遥か彼方まで畑や牧場が
連綿と続く大地は、
四季折々に表情を変え、
旅人は思わず息をのむ。
ガーデン巡りやグランピングなど、
豊かな緑とスケール感、
そして食を生かした
新スポットも続々と登場している。
好奇心に導かれるまま、奥へ奥へ――。
類さんの十勝旅が、幕を開ける。

# 吉田類【エッセイ】十勝編

旅客機の窓から、パッチワーク状の農地に目を見張ったことがある。フランス西南部に広がる穀倉地帯。広大なキャンバスに描かれたカラフルなモダンアートを思わせた。後年、上空から望んだ十勝平野に同じような感動を覚えたのは言うまでもない。

畑作の盛んな十勝は〝日本のウクライナ〟とまで形容される。酪農製品だって評判がいい。十勝パワーの源。いったい何処にあるのだろう。その〝何か〟と出会える旅となれば嬉しい。

力強さで思い浮かぶのが、ばん馬。太い脚と隆々たる胸の筋肉が特徴の大型農耕馬だ。ばんえい競馬をテーマに詠んだ句がある。

「寒風や　ばん馬むねより　もり上がる」

レースの大詰め、鉄製の橇を曳いて土手状の障害を越える場面だ。吹きすさぶ寒風に抗い、前脚でビリ砂利(砂)を蹴散らして土手に躍り上がらんともがく。過酷な試練に力の限りを燃やして挑むばん馬の姿。開拓者の苦闘が重なる。

帯広のレストラン『ランチョ・エルパソ』でクラフトビールを飲んだ。天井が高くて開放的な店内。漆喰壁に納まった大型暖炉、フロアにはグランドピアノがさりげなく置かれている。

「腸詰にはテキーラが合うのさ」

ラフなツナギ姿の男がやってきて同じ卓に着いた。二つ並べたショットグラスにテキーラを注ぐ。カンパイ！　カチッとグラスを合わせた。彼は褐色の

# 十勝に寄せて

腸詰らしき塊を切り、ナイフでどろっとした中身を掻き出して、ひょいっと差し出した。指で削ぎ取って恐る恐る口へ入れてみる。

「うちの〝どろぶた〟の肺と脾臓だよ。旨いっしょ」

山地に放牧して育てたブランド豚。僕は複雑な味に頷きながらテキーラを呷り、ほろ酔う。腸詰に魅せられた男の名も訊ねないまま店を出た。

大樹町の『半田ファーム』では、代表の半田さんからチーズ談を聞く。飼育する乳牛への愛情は深い。話を聞くうち〝どろぶた〟を飼う男の顔が浮かんでくる。

「ああ、アイツね。よくチーズを喰いに来るよ」

なんと！　知己の仲だった。

今でも、十勝愛を熱く語った面々が次々と思い出される。

十勝パワーの〝何か〟。それは宝のような〝人材〟の鉱脈につきる。

**旅の一句**

春泥《しゅんでい》の　天《てん》の真青《まさお》に　飛《と》び散《ち》りて

# 十勝エリアMAP

TOKACHI | AREA | MAP |

ご紹介するスポットのおおよその場所はこちらでご確認を。
どこまでも広大な豊穣の地・十勝は、移動時間も旅の楽しみの一つだ。

## MAP | 帯広中心部

MAP | 十勝エリア広域
0 10 20 30 40 50km
N
トムラウシ温泉
国民宿舎東大雪荘
糠平詳細MAP
糠平湖
芽登
陸別原野
ふるさと銀河線
りくべつ鉄道
陸別
銀河の森
天文台
オンネトー
道の駅
あしょろ
銀河ホール21
足寄湖
足寄
利別川
ナイタイ高原牧場
然別湖
上士幌
士幌
岩松湖
三部牧場
ツリーハウス
道の駅
ピア21しほろ
家畜改良センター
十勝牧場
鹿追
根室本線
狩勝山
新得
本別
本別公園
道東自動車道
農産物直売所
こむぎばたけ
あすなろファーミング
清水
音更
道東自動車道
十勝川
十勝川温泉
池田
帯広
幕別
芽室
十勝 千年の森
食堂とカフェと
レストランよねくら
幕別
真鍋庭園
十勝ヒルズ
新嵐山
スカイパーク
展望台
札内川
帯広広尾自動車道
朝日堂
豊頃
根室本線
浦幌
紫竹ガーデン
六花の森
とかち
帯広空港
中札内
十勝川
ジュエリーアイス
霧氷の名所
更別
中札内農村休暇村
フェーリエンドルフ
日高山脈
道の駅 忠類
湧洞沼
生花苗沼
晩成温泉
太平洋
半田ファーム
大樹
歴舟川
源ファーム
高見湖
大森ガーデン
広尾
糠平詳細MAP
0 500m
糠平国道
糠平湖
糠平温泉文化ホール内
ひがし大雪
自然ガイドセンター
ひがし大雪
自然館
上士幌町
鉄道資料館
ぬかびら
源泉郷郵便局
ぬかびら
源泉郷
スキー場
ぬかびら源泉郷

類さんが日高山脈を越えて、広大無辺な十勝の大地に降り立った。

まず訪れたのは音更町にある『家畜改良センター十勝牧場』の白樺並木。600本を超える立派な白樺が全長1・3kmにわたって続く「美林」として夙《つと》に知られる。道の両側に等間隔で植えられた木々が、平行に真っすぐ連なっていく。まるで遠近法の見本のような風景を眺めていると、不思議な感覚にとらわれてしまう。都会のスケール感に慣れた方には、ちょっと刺激が強すぎる構図だろうか。この消失点が見えないほどの奥行と広がりこそが、十勝らしさの真骨頂。「これぞ北海道!」というダイナミックな景観なら、十勝に勝る場所はないのだ。

「まあ、そんなに急がんでも。ゆっくりと行きましょうや」

散策しながら、類さんはそう独りごちた。確かに十勝の旅にタイトなスケジュールは似合わない。これから始まる物語を頭に描きながら、類さんも旅のサイズ感を雄大な十勝仕様に調整していたのかもしれない。

類旅Story 十勝編1

# 心を解放する大地、十勝へ

「モザイク模様の畑と空のコントラストが奇麗だねえ」

日高山脈を越えた東側、十勝地方を類さんが歩く。観光列車に、競馬に、優雅なキャンプ。悠々と心をほどく大人の十勝旅。

樹齢を重ねた立派な白樺も多く、音更町の美林にも指定されている。

次に、計り知れないスケールを感受するべく、芽室町の『新嵐山スカイパーク展望台』へ。標高320m地点にある木造3階建ての展望台からは、十勝全域をパノラマで見渡すことができる。南西に日高山脈、北側には畑と防風林、眼下の斜面は牧草地。十勝の町の位置関係と全体像を大づかみにするには、ここはもってこいの起点になるだろう。

「入道雲が崩れて、もう秋の雲に変わってきたね。しかし上から見ると畑のパッチワークが何とも鮮やかなこと。こんなにはっきりと奇麗に見えるものなんだなあ」

今回はいわゆる名所旧跡を巡るだけの旅にはならない。あるときは観光列車の運転士、またあるときはばんえい競馬のプレゼンター。そして夜は話題のグランピング。北海道をこよなく愛する類さんが、自らの感性と体験を通じて十勝の魅力を掘り起こし、再発見するのが狙いだ。

題して「まるごと体感、大人の十勝旅」。好奇心あふれる類さんの旅路に、ぜひご同行願おう。

# これぞ北海道！まるごと体感、大人の十勝旅。

360度の大パノラマが圧巻。展望台までの道路は狭いので安全運転を心がけて。

## 新嵐山スカイパーク展望台

十勝平野を一望できる展望台。晴れた日には日高山脈や十勝連山も遠望できる。1.3kmのハイキングコースも。

河西郡芽室町中美生2線42
冬季閉鎖
JR「芽室」駅より車で25分

MAP P061

## 家畜改良センター 十勝牧場

直線で1.3kmも続く白樺並木は、映画やドラマのロケ地にもなる景勝スポット。家畜改良センターの敷地内なので、道路以外のエリアは立ち入り禁止。

河東郡音更町駒場並木8-1
JR「帯広」駅より車で30分

MAP P061

# 気動車のエンジン音を響かせて、陸別の森を疾駆。

十勝管内の内陸部に位置し、「日本一寒い町」として知られる陸別町は、筋金入りの鉄道ファンが心躍らせ「一度は訪れたい」と憧れる聖地だ。

観光鉄道『ふるさと銀河線りくべつ鉄道』では、例年4月から10月下旬にかけて「気動車運転体験」列車を運行中。駅構内を15分ほど走行する「Sコース」の場合、身長130cm以上かつ小学校高学年以上であれば、車体長16m級の軽快気動車（NDC）を誰でも運転できる。要予約で、料金は2000円也。

Rikubetsu Railway History

## りくべつ鉄道ヒストリー

明治43年（1910）の開業以来、「網走線」「網走本線」「池北線」「北海道ちほく高原鉄道ふるさと銀河線」と線名を改称しながらも、地元住民の暮らしを支えてきたこの路線。平成18年（2006）に全線廃止となったが、2年後の平成20年（2008）からは観光鉄道として運行を続けている。

運転席に座る類さんに注目！　指導運転士・太布秀文さんが正面のドアを開けて、目視で周囲の安全を確認する。

とまあ、ここまではよくある体験メニューかもしれない。だが、「鉄ちゃん」や「鉄子」と呼ばれる全国の鉄道ファンが、時間や予算をやりくりし、予約合戦をくぐり抜けてこの地を目指すのには、もちろん訳がある。

　その理由はずばり、本物の線路の上で、本物の車両を、自らの手で運転しながら、心ゆくまで走らせることができるから。この貴重で得難い体験こそ、老若男女の鉄道ファンを引きつけてやまない最大の魅力だ。

実際に運行されていた定員100人のレトロなディーゼル車で、牛舎の前を駆け抜ける。慣れているのか、牛たちはまったく動じない。

　約80分の「Lコース」では、熟練の指導運転士から直接講習を受けられる。同コースの修了者が対象の「銀河コース」はさらに豪華で、平成24年（2012）に北見方面へ1・6㎞延伸した「日本一長い運転体験コース」（取材時）を使い、構外に出て運転できるのがポイントだ。そしてなんと平成30年（2018）には、さらにそれを1・2㎞延伸し、総延長2・8㎞の「新銀河コース」が始まる。

　ちなみに料金は、それぞれ2万〜3万5000円（と決してお安くはない）。いずれも18歳以上が対象で、完全予約制となる。ターミナル駅を兼ねる道の駅『オーロラタウン93りくべつ』の2階には宿泊施設があり、まるで部活の合宿のように泊まり込みで集中特訓に励む猛者もいるという。

　全国各地でまたとない旅の体験をしてきた類さんも、さすがに列車の運転は初めて。緊張の面持ちでホームに歩み出ると、ステップに足を掛けて、いざ運転席へ！

ホームに立つ「ふるさと銀河線」時代の駅名標。

いよいよ人生初の列車運転体験へ。乗降口から乗り込む類さんの表情は、ワクワク感を抑え切れない少年のよう。「行ってきます！」

明治43年（1910）に設置された道内最古の転車台（ターンテーブル）。

これが憧れの運転席。
どきどきするなあ。

# 一両編成のディーゼル車で、開拓の歴史を刻む地の鉄路をガタゴトと。

運転席からの見通しは良好。まずは駅構内の直線500mの線路を行き来して、基本操作を習得する。

コーチ役は元鉄道マンで、ベテラン指導運転士の太布《ふとの》秀文《ひでふみ》さんだ。

基本は安全第一。線路周辺への進入者・進入車のチェック、汽笛による警告、そして発進、速度調整、ブレーキ、停車――運転は細かい確認と正確な操作の繰り返しだ。

慎重にマスコンを操り、勘所をつかんだところで、列車はいよいよ構外へ。

この日は特別に、陸別を発着駅として金澤踏切～寛斎《かんさい》～カネラン～下勲《しもくん》祢別《ねべつ》～百恋《ひゃっこい》を越え、旧石井踏切までの片道2・8kmを往復する。

「発車オーライ！」

太布さんの合図を受けて、新米運

マンツーマンで指導に当たってくれた太布さんはJR北海道出身。丁寧な指導に、類さんも巧みなマスコンさばきで応える。

ふるさと銀河線
## りくべつ鉄道

予約なしで気軽に楽しめる「列車乗車体験」や「トロッコ乗車体験」も実施中。「運転体験」各コースの予約や営業日の確認はウェブサイトを参照。

足寄郡陸別町字陸別原野基線69-1
TEL.0156-27-2244（陸別駅）
9:00〜16:00
営業期間 4月下旬〜10月下旬
陸別町役場より徒歩6分

MAP P061

線路や踏切を見守る鉄道安全補助員は、地元の方々が務める。

松浦踏切と百恋駅。百恋の駅名は陸別町の天然水「陸別百恋水」にちなむ。

転士の類さんは汽笛を鳴らし、ディーゼルエンジンの出力を開放する。

　滑り出しは快調。走行時速は10〜20㎞程度で、踏切が近づくと徐々に減速し、所定のポジションで完全に停車させる。車両の重量と慣性を考慮して制動距離を調節するのが難しそう。「下りはスピードが出るので注意して。類さん、お上手ですよ」と太布さん。終点、陸別駅に到着した類さんは、思わず笑顔を浮かべた。

「いやあ、楽しかった！　子どもの頃の夢の一つがかなったね。折り返した後はかなりスムーズだったでしょう？　今後もし、列車に乗っていて『お客様の中に運転士さんはいらっしゃいませんか？』というアナウンスがあっても大丈夫だね（笑）」

　鉄道安全補助員を務める地元のお母さんたちによると、昔は陸別から北見まで、この列車に乗って片道なんと2時間もかけて買い物に出かけていたという。「懐かしいですねえ。今は全国各地からたくさんお客さんが来て喜んでくれるから、私たちも本当にうれしく思っているんですよ」。

体験の現場を支える皆さんと。安全な運行には地元の人たちの協力が欠かせない。

「僕は昔からばん馬が大好きなんですよ。『ばんえい十勝』にも何度も来ています。冬もいいんだよね。ばん馬は人間と力を合わせて北海道の原野を切り開いてきた農耕のための馬。土の匂いがする馬です」

農耕馬による草競馬「お祭りばん馬」がルーツといわれるばんえい競馬は、昭和21年（1946）の公営化以来、70年以上にわたって受け継がれてきた「馬産地・十勝」の文化だ。

『ばんえい十勝』は、帯広市街地の真ん中あたりに位置し、ほぼ毎週土曜日から月曜日までの3日間、レースを開催している。

一般的な平地競走とは馬の品種も、レースの仕様も異なる。重種馬に分類されるばん馬の体重はサラブレッドの約2倍（漫画『北斗の拳』に登場するラオウの愛馬・黒王号をイメージしてほしい）。1トン級の巨大な馬が直線200mのコースを重たい鉄ソリを輓いて突進する。コース上には高さ1mと1・6mの障害が設けられ、この二つのヤマ場をどう乗り

コースの目前で応援できる「エキサイティングゾーン」。人馬の熱気がじかに感じられる距離だ。

越えるかが勝負の分かれ目となる。

『ばんえい十勝』では、レース以外にもさまざまな楽しみ方ができるように工夫を凝らしている。「バックヤードツアー」は、装鞍所や厩舎など、普段は立ち入れない舞台裏を見学可能。さらに珍しい早朝の調教風景を見られる「朝調教見学ツアー」も実施。いずれも有料で、定員や詳しい実施日時は事前にウェブサイトで確認を。

また、開催日以外も入場でき、場内にある「ふれあい動物園」では、アイドルばん馬のリッキー号たちと遊べる。子どもたちに大人気だ。

ここではナイターも名物。汗に濡れた馬体が照明で艶やかに輝く夜の競馬場に、黒のコーディネートでまとめた類さんの姿はよく似合う。着順確定のアナウンス、スタンドのざわめき、オッズを表示したモニターをまじろぎもせず見上げる顔、顔、顔。

この日は、類さんにとってもスペシャルな夜となる。類さんの名前を冠して「個人協賛競走」のレースが開催されるのだ。

刻々とその発走時刻が近づく。

# 北海道の原野は、ばん馬と人が切り開いた。血脈つなぐ農耕馬が、一心不乱にソリを輓く。

障害を突破する迫力のシーン。4～11月はナイター開催となる。

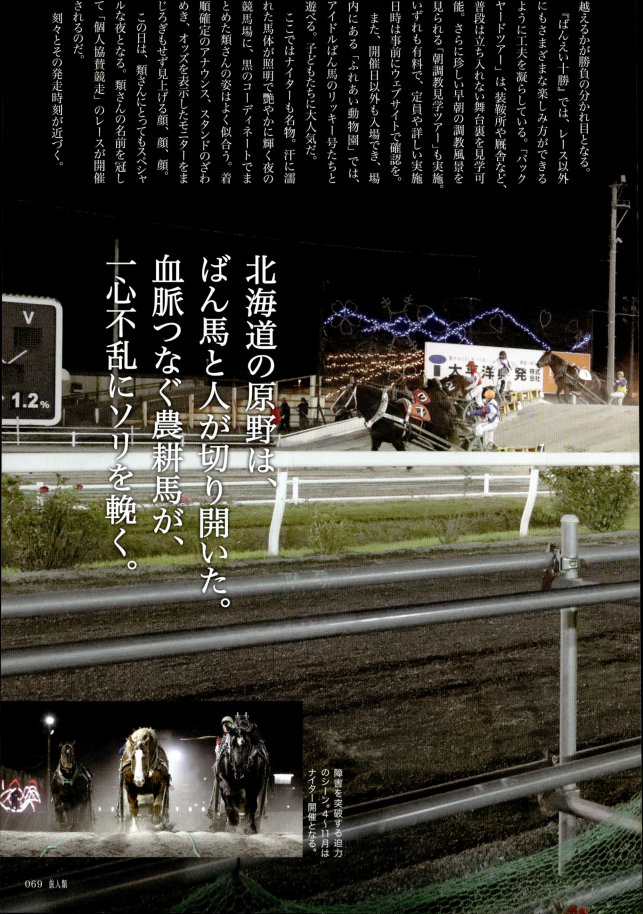

# 人馬一体となり、ゴールに向けて突進！

最大1トンもの鉄ソリを輓きゴールを目指す。スタミナを温存させるなど、ばんえい競馬ならではの駆け引きも見どころ。

表彰式では阿部騎手と坂本調教師に副賞として『旅人類』のバックナンバーを進呈。

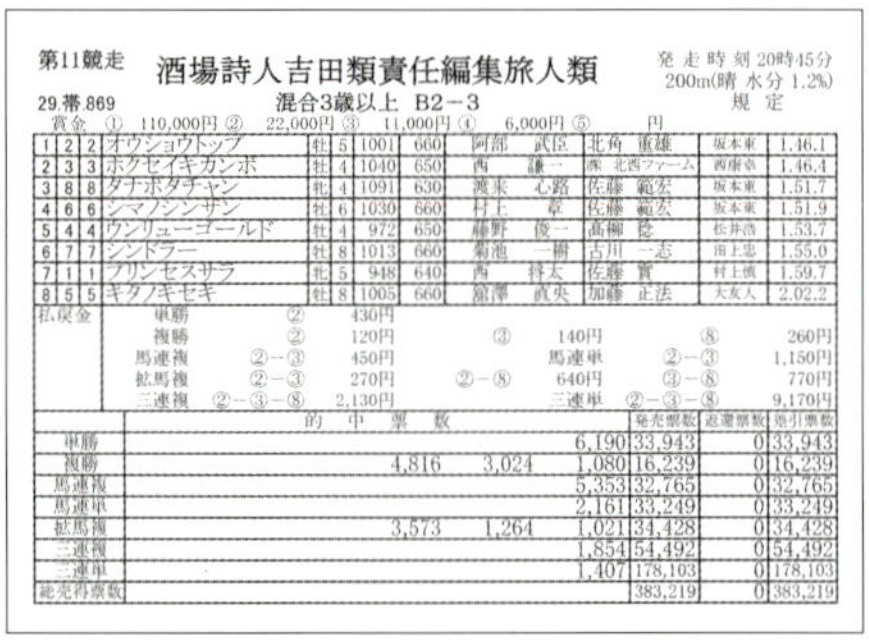

第11競走　酒場詩人吉田類責任編集旅人類　発走時刻20時45分

29.帯.869　混合3歳以上 B2－3　200m(晴 水分 1.2%)　規定

賞金 ① 110,000円 ② 22,000円 ③ 11,000円 ④ 6,000円 ⑤ 円

| | | | | | | | | | | | |
|---|---|---|---|---|---|---|---|---|---|---|---|
| 1 | 2 | 2 | オウショウトップ | 牡 | 5 | 1001 | 660 | 阿部 武臣 | 北角 重雄 | 坂本東 | 1.46.1 |
| 2 | 3 | 3 | ホクセイキカンボ | 牡 | 4 | 1040 | 650 | 西 謙一 | (株) 北西ファーム | 西康幸 | 1.46.4 |
| 3 | 8 | 8 | タナボタチャン | 牝 | 4 | 1091 | 630 | 渡来 心路 | 佐藤 範宏 | 坂本東 | 1.51.7 |
| 4 | 6 | 6 | シマノシンザン | 牡 | 6 | 1030 | 660 | 村上 章 | 佐藤 範宏 | 坂本東 | 1.51.9 |
| 5 | 4 | 4 | ウンリューゴールド | 牡 | 4 | 972 | 650 | 藤野 俊一 | 高柳 稔 | 松井浩 | 1.53.7 |
| 6 | 7 | 7 | シンドラー | 牡 | 8 | 1013 | 660 | 菊池 一樹 | 古川 一志 | 田上忠 | 1.55.0 |
| 7 | 1 | 1 | プリンセスサラ | 牝 | 5 | 948 | 640 | 西 将太 | 佐藤 實 | 村上慎 | 1.59.7 |
| 8 | 5 | 5 | キタノキセキ | 牡 | 8 | 1005 | 660 | 鈴澤 直央 | 加藤 正法 | 大友人 | 2.02.2 |

払戻金

| | | | | | | |
|---|---|---|---|---|---|---|
| 単勝 | ② | 430円 | | | | |
| 複勝 | ② | 120円 | ③ | 140円 | ⑧ | 260円 |
| 馬連複 | ②－③ | 450円 | 馬連単 | | ②－③ | 1,150円 |
| 拡馬複 | ②－③ | 270円 | ②－⑧ | 640円 | ③－⑧ | 770円 |
| 三連複 | ②－③－⑧ | 2,130円 | 三連単 | | ②－③－⑧ | 9,170円 |

| | 的中票数 | | | 発売票数 | 返還票数 | 差引票数 |
|---|---|---|---|---|---|---|
| 単勝 | | | 6,190 | 33,943 | 0 | 33,943 |
| 複勝 | 4,816 | 3,024 | 1,080 | 16,239 | 0 | 16,239 |
| 馬連複 | | | 5,353 | 32,765 | 0 | 32,765 |
| 馬連単 | | | 2,161 | 33,249 | 0 | 33,249 |
| 拡馬複 | 3,573 | 1,264 | 1,021 | 34,428 | 0 | 34,428 |
| 三連複 | | | 1,854 | 54,492 | 0 | 54,492 |
| 三連単 | | | 1,407 | 178,103 | 0 | 178,103 |
| 総売得票数 | | | | 383,219 | 0 | 383,219 |

これだけでも記念になる、レース名が記された出走表（写真は出走表の一部を抜粋）。

## ばんえい十勝

入場料100円（15歳未満無料、レース開催日以外は無料）。オリジナルの冠レースが実現できる協賛レースは、ウェブサイトから申し込み可。詳細は問い合わせを。

帯広市西13条南9丁目
TEL.0155-34-0825
「ふれあい動物園」火曜休
JR「帯広」駅より車で7分

MAP P060

公式の出走表や馬券にも冠レース名「酒場詩人吉田類責任編集 旅人類」と、しっかり印刷されているのがばんえい競馬ファンとしてうれしい。
パドックで出走馬と騎手の様子を下見した類さんは、スタートゲートに向かう各馬を静かに見送った。
いよいよレースが始まる。8頭がセパレートコースに一斉に進み出た。重量感のある鉄ソリが軋み、金属と金属が擦れる荒々しい音が場内に響きわたる。各馬とも第1障害を越えるまでは比較的スムーズに。ばん馬の荒い息遣いが、騎手の気合いの入った掛け声が、第2障害にどんどん迫ってくる。勝敗の鍵を握る急勾配を前に、騎手はいったん馬を止め、スタミナの回復を待つ。そしてタイミングを見定め、呼吸を合わせて、一気に急坂に挑みかかる。観客も並走しながら「ガンバレ!」「行け行け!」と声援を続ける。類さんも思わずゴールに向かって駆け出す。混戦だ。ゴール前、もうもうと砂煙が舞い上がる。どの馬だ、勝ったのは?

1着はオウショウトップ。表彰式に現れたオウショウトップの体からは、汗が湯気になって夜空に立ち上る。プレゼンターとして登壇した類さんは、阿部武臣騎手と坂本東一調教師の勝利を称えた。
「これぞばんえい競馬という力強いレース。人と馬の揺るぎない一体感に感動したねえ。旅人類杯のプレゼンター役もいい記念になりました」

## 十勝の食産品に出合える人気の複合施設。

開業は平成22年(2010)。レースの開催日以外も営業している。

『とかちむら』は、競馬場の入場口前にあるグルメ&ショッピングモール。採れたて野菜や加工品がそろうマルシェ「産直市場」、豚丼など十勝の味覚が盛りだくさんのフードコート「キッチン」、カフェと雑貨のセレクトショップ「スイーツ&セレクト」という3エリアで構成。地元の人たちもよく足を運ぶ複合施設だ。営業時間や休業日は店舗によって異なるので、ウェブサイトなどで事前に確認を。

### とかちむら

MAP P060

帯広市西13条南8丁目1　TEL.0155-34-7307
営業時間、定休日は店舗により異なる
JR「帯広」駅より車で7分

場内には二つの売店があり、ここでしか買えない記念グッズも販売している。

優勝馬オウショウトップと記念撮影。個人協賛競走ならではの特典だ。

# グラマラスなキャンピングで中札内の大自然を満喫！

「グランピング」とは、「グラマラス」と「キャンピング」を掛け合わせた造語。テントやシュラフを自前で用意することなく、手ぶらで出かけても高級ホテル並みのゴージャスなサービスが受けられるという、野外ステイの新しいスタイルだ。

平成29年（２０１７）、『中札内農村休暇村 フェーリエンドルフ』にグランピングスポットがオープン。敷地内には大型テント10張りと瀟洒なコテージがゆったりと立ち並び、女性のグループやキャンプ未経験者でも気軽に大自然を満喫できると好評だ。

雨風を通さない丈夫なコットンと木枠で張られたキャンバステントはベルギー製。直径６mの円形テントの居住空間には、シングルベッドとエキストラベッドが各２台、ソファやテーブルなどのリビングセット、薪ストーブが備えられ、機能性も十分だ。

さらに、１基４×６mのタープには、ダイニングテーブルとバーベキューセットを用意。夜はランタンと焚き火の明かりだけで優雅に過ごす。

一方、木造２階建てのドイツ風コテージ「フェーリエンハウス」は、１階に暖炉付きのリビングとダイニングキッチン、２階に３部屋の寝室を設け、バス・トイレを完備した贅沢な間取り。インテリアのコンセプトが異なる３タイプから選べ、野外のテラスにはウッドデッキのバーベキュースペースも備えられている。ロングステイにも対応した森の中のリゾートだ。

１００年以上前のドイツの田舎町にあった古民家を再現したコテージは、中札内の森の風景に溶け込むデザインを、との依頼に応えたドイツの建築家・故W・ヴォンディッシュ氏の設計。運営会社の西惇夫社長は、20年前から自然に親しむ休暇村の構想を抱いていたという。

「都会で忙しく働く皆さんと、地元十勝の農家をつなぐ拠点になれば。理想はファームステイです。自然の中でリラックスして、心静かに過ごしてほしいですね」

ワイングラスを片手に、すっかりくつろいでいた類さん。そろそろお待ちかねのバーベキューが始まりそうだ。

円形テントの内部。ベッドやソファ、薪ストーブなどがそろっている。

中札内の大自然に囲まれて、十勝ワイン『凋寒（セイオロサム）』を飲む。アイヌ語で「貝のいるかたわら」の意、とも。

グランピングスタイルのコテージのベッドルーム。森のリゾートを満喫できる。

プライベート空間を守れるように距離を空けて建てられているコテージ。

ＢＢＱテラスにはグリルをはじめ、調理器具一式の用意も。

なにはともあれ、まずは乾杯。肉、野菜、チーズといった自慢の食材を使った豪華な料理が、続々とテーブルに並ぶ。通常は宿泊客が自ら調理にあたるが、この日は特別に寺口シェフが付きっきりで腕を振るってくれた。高性能グリルで蒸し焼きにした定番の「ビアチキン」は絶品。香ばしくもジューシーな一品だ。

「北海道は地球上で一番素敵な場所だと思っています。このキャンプ場も素晴らしいですねえ」。北へ南へ、旅から旅へ。日々多忙な類さんも、すっかりリラックスしている様子。

日が落ちて、コテージ前のテラスに場所を移し、西社長と語り合う。十勝の歩み、農業の未来、釣り談義。「自然の中で日差しを感じながら目覚めるキャンプは最高です。十勝の勤勉な農家の皆さんが丹精込めて作る、おいしくて安全な食材も知ってもらえれば」と西社長。一方の類さんは、十勝平野で暮らす人々に思いを巡らせているようだ。

「日高山脈から冷たい風が吹き下ろしても、そこで生きる人たちは体験的な知恵で切り抜けてしまう。十勝は自然も人も豊かなんだよなあ」

# 十勝は「まほろば」。グランピングでリラックス。

名物「中札内産田舎鶏のビアチキン」(右手前)の他にも十勝の美味がずらり。

BBQは持ち込みOK。
器具のレンタルもできる。

類さんが北海道の魅力に取り憑かれたのは35年も前のこと。「渓流釣りをしながら日本列島を北上していたころから、僕は北海道に惚れているんです。中でも十勝は僕にとっての『まほろば』ですね」。

「まほろば」とは「素晴らしい場所」や「住みやすい場所」を意味する古語。日本の美しい国土とそこに住む人々の心を称える雅やかな言葉だ。

## 中札内農村休暇村
## フェーリエンドルフ

テント＆コテージでの宿泊だけでなく、日帰りBBQも可。レストランやカフェ、BBQテラスなどの施設も充実し、イベントも多数開催している。

河西郡中札内村南常盤東4線285　TEL.0155-68-3301
JR「帯広」駅より車で40分
宿泊料など詳細はウェブサイトを参照　MAP P061

大自然の中、スタッフの皆さんと乾杯！

共に北海道を愛する二人。豊かな自然を守る大切さを語らいながら夜は深まっていった。

闇に包まれる夜の牧場で、明かりが灯る外観は実にロマンチックだ。

外には滑り台やブランコ、ハンモックなど、オーナーの遊び心も満点。

鹿追町

トム・ソーヤー気分で牧場体験

## 三部《さんぶ》牧場 ツリーハウス

牧場オーナーである三部正司さんが、自宅横に根を下ろす樹齢100年を超える春楡《はるにれ》の巨木に半年かけて造り上げたのが、長年の夢だったツリーハウス。そこをファームイン（農家民宿）として、宿泊客を受け入れている。牛舎での乳搾り、バター作りなど牧場ならではの体験ができ、ハウス横の小屋ではバーベキューや石窯でのピザ焼きも楽しめる（全て要事前予約）。家族連れにも人気が高く、先々まで予約が埋まっているので、宿泊計画はお早目に。

春楡の幹が貫く室内。就寝時は梯子を上ってロフトへ。電気・水道完備、トイレは屋外。

河東郡鹿追町柏ヶ丘16-3　TEL.0156-66-2802（8:00〜19:00）
宿泊予約など詳細はウェブサイトを参照
鹿追町役場より車で6分

MAP P061

肉眼でも天の川が見える陸別の空。晴れた日は昼間でも星が見えるほど。

陸別町

星降る町で宇宙の神秘に触れる

## 銀河の森天文台

「とかち晴れ」と呼ばれるように、日高山脈が雲を遮る十勝地方は晴天が多く、満天の星空に出合えるスポットが数多い。中でも陸別町は環境省から「星空の街」「星空にやさしい街10選」とされており、ここ『銀河の森天文台』では一般公開型天文台としては日本最大級の115cm大型望遠鏡で、惑星や銀河などを観察できる。

足寄郡陸別町宇遠別　りくべつ宇宙地球科学館
TEL.0156-27-8100　14:00〜22:30（10〜3月は13:00〜21:30）
月・火曜休（その他の休館日はウェブサイトを参照）
陸別町役場より車で15分

MAP P061

更別村

厳冬の朝にだけ現れる、絵画のような光景。

幻想的な自然の芸術

## 霧氷の名所

1～2月下旬の早朝、マイナス20℃以下という厳しい条件下で見ることのできる、更別村の霧氷。猿別川の水面から立ち上る水蒸気が草木に付着して出現するもので、「これだけの条件がそろう場所は他にない」と、約60年間にわたり通い続ける写真家もいるという。

河西郡更別村 勢雄地区（撮影スポット詳細は村のウェブサイトを参照）
TEL.0155-52-2211（更別村観光協会）
帯広・広尾自動車道・更別ICより車で10分 MAP P061

豊頃町

1月中旬～2月中旬が漂着のピーク。

光をはらんで艶やかに煌めく

## ジュエリーアイス

厳冬期、豊頃町の大津海岸で宝石のように輝く神秘的な氷の塊『ジュエリーアイス』。これは近くを流れる十勝川の河口付近で凍結した水面の氷が太平洋に流れ出し、打ち上げられることによって起きる自然現象。道内外から写真愛好家たちが訪れる、注目のスポットだ。

中川郡豊頃町 大津海岸
TEL.015-574-2216（豊頃町観光協会）
豊頃町役場より車で20分 MAP P061

中札内村

逞しくも可憐な山野草が一面に

## 六花の森

帯広で誕生し、北海道を代表する菓子メーカーとなった『六花亭』が運営するガーデン。画家・坂本直行が包装紙に描いたエゾリンドウやハマナシ、オオバナノエンレイソウなど十勝六花をはじめとする山野草が咲き誇る森をイメージして造られた。川が流れる10万㎡の敷地内にはクロアチアの古民家を移築して作られた美術館なども点在し、花々とアートを終日かけて楽しめる。

季節のうつろいとともに、色とりどりの山野草が次々と開花する。

包装紙に描かれた草花を壁面で鑑賞しよう。

河西郡中札内村常盤西3-249-6 TEL.0155-63-1000 MAP P061
営業／4月下旬～10月中旬
10:00～17:00（6～8月は9:00～、9月下旬から～16:00）
入園料／大人800円、小・中学生500円 中札内美術村より車で10分まだまだある!

# 十勝エリアの景観&アクティビティ

広尾町

雪国の環境に強い宿根《しゅっこん》草《そう》の競演

## 大森ガーデン

道内最大級の老舗ナーセリー(植物生産農場)のガーデン。四季を通して楽しめるようにとデザインした庭園には、選りすぐりの宿根草がテーマ別にエリアを分けて植えられている。広大な敷地内には、時期によって入れ替わる花苗や鉢、ガーデングッズや生活雑貨などをそろえるショップ、庭園を一望できるカフェ&ギャラリーも併設。心豊かなひとときをゆっくり過ごしてほしい。

「花の世界大会」で最優秀植栽賞を受賞したことも。

「ガーデンビュー」というカフェからは店名通りの眺めが。

広尾郡広尾町字紋別14-73-2　TEL.01558-5-2525
9:30〜17:00(季節によって変更の場合あり)　カフェ11:00〜16:30(L.O.16:00)
天候などにより臨時休業あり(詳細はウェブサイトを参照)　月曜休(祝日の場合は営業、翌日休)
入園料/大人500円、中・高校生300円、小学生以下無料
帯広・広尾自動車道・忠類大樹ICより車で15分

MAP P061

本別町

ボート遊びが楽しい「かぶと池」。

家族ぐるみで遊べる冒険王国

## 本別公園

25.8haという広大な敷地の中に、遊歩道やパークゴルフ場、ボート池、ゴーカートやアスレチック&コンビネーション遊具などの遊び場が充実。中世書院風造りの趣きあるコテージが並ぶ『義経の里御所』やキャンプ場があり、数日間滞在して楽しむ利用者も多い。

中川郡本別町東町51　TEL.0156-22-2141(本別町企画振興課)
1〜3月は冬期休園
本別町役場より車で5分

MAP P061

浦幌町

初心者でも心配無用。飛行は約10分間。

鳥の目線で海岸線を飛行

## パラグライダー体験

風を受けて鳥のように大空を飛ぶパラグライダーを、インストラクターとタンデム(2人乗り)で遊覧飛行体験できる。基地は浦幌町の海岸側・十勝太にあり、遥かに続く海と陸の境界線を眼下に収めながらの飛行は、十勝の旅に最強のインパクトを与えてくれそうだ。

十勝郡浦幌町昆布刈石　TEL.090-3773-9138(パラグライディング十勝)
3〜10月開催。詳細はパラグライディング十勝のウェブサイトを参照
体験料 一人10,000円　JR「浦幌」駅より車で25分

まだまだある！

# 十勝エリアの温泉スポット

道内外から多くの観光客を迎える温泉街。

道東を代表する一大温泉地

## 十勝川温泉

平成16年(2004)に北海道遺産として選定された、日本でも数少ないモール泉の温泉郷。帯広市街地から車で約20分とアクセスもよく、8軒もの温泉宿やホテルが集中している。観光ガイドセンターでは電動自転車をレンタルしており、各温泉宿の湯巡りもおすすめ。

河東郡音更町十勝川温泉
TEL.0155-32-6633(音更町十勝川温泉観光協会)
日帰り入浴など詳細は観光協会のウェブサイトを参照
JR「帯広」駅より車で20分

MAP P061

眼下にはユウトムラウシ川が流れる。

大雪山系の奥座敷にたたずむ

## トムラウシ温泉 国民宿舎東大雪荘

日本百名山・トムラウシの登山口そばにある秘湯の宿。かつて周辺には複数の温泉宿があったが、現在はここを残すのみ。日帰り入浴もでき、四季折々の渓流風景を見下ろせる絶景の露天風呂が素晴らしい。そば、地鶏といった新得グルメを味わえるレストランもある。

上川郡新得町字屈足トムラウシ　TEL.0156-65-3021
日帰り入浴 12:00～20:00(受付19:30まで)大人500円
JR「新得」駅より車で1時間20分

MAP P061

大樹町

海を眺めながら、至福のときをどうぞ。

太平洋を望見できる高台の温泉

## 晩成温泉

全国でも珍しい豊かな効能のヨード泉の湯。大浴場の窓から十勝で唯一太平洋を眺めつつ、湯船に浸かることができる。サウナやジェットバス、高温風呂も完備。食堂ではご当地グルメ「大樹チーズサーモン丼」などが味わえ、宿泊施設も隣接している。

広尾郡大樹町字晩成2　TEL.01558-7-8161
日帰り入浴 8:00～21:00(受付20:00まで、10～3月は9:00～)
大人500円　無休(10～3月は火曜休)
大樹町役場より車で25分

MAP P061

「源泉かけ流し宣言」を全施設で実施。

源泉かけ流しの温泉を堪能する

## ぬかびら源泉郷

大正8年(1919)に源泉が発見され、昭和9年(1934)には15軒の宿が並ぶ湯治場として賑わった温泉街。現在も温泉宿やユースホステルなど9軒の宿泊施設が立ち並ぶ。糠平湖の南側に位置し、カヌーやサイクリング、登山や釣りなど周辺でアウトドアも楽しめる。

河東郡上士幌町字ぬかびら源泉郷
TEL.01564-7-7272 (上士幌町観光協会)
日帰り入浴など詳細は観光協会のウェブサイトを参照
JR「帯広」駅より車で1時間15分

MAP P061

# 北海道×自転車旅で風景と食を満喫！

# サイクルツーリズムのススメ

**十勝サイクルツーリズム研究会**
**「トカプチ400PR動画」**
十勝地域のサイクリングPR動画
https://www.youtube.com/watch?v=nKZH96RmMTI

## 環境に恵まれた北海道はサイクリスト憧れの地

舗装が行き届いた快適で走りやすい道と爽やかな気候、そして美しい風景が楽しめる北海道は、日本のみならず海外のサイクリストにとっても憧れの地。そんな恵まれた環境を生かす、新たな観光資源として注目されるのが、サイクルツーリズムである。

サイクルツーリズムとは、サイクリングと観光を組み合わせた旅。子どもから大人までが、サイクリングをしながら風景やグルメ、温泉などを楽しめるのが魅力だ。

平成29年（２０１７）に「自転車活用推進法」が施行され、その翌年には北海道議会でもサイクルツーリズムを核とする「北海道自転車条例」の検討も。新たな観光スタイルの普及に向けて、道内でもさまざまな取り組みが始まっている。

## サイクルツーリズムの情報発信サイト ≫

**国土交通省北海道開発局**
**「北海道のサイクルツーリズム推進」**

サイクルツーリズムの基本的な考え方や取り組みについて掲載

https://www.hkd.mlit.go.jp/ky/kn/dou_kei/splaat000000utuk.html

**コミュニケーションサイト**
**「サイクルート北海道」**

国土交通省北海道開発局・北海道が2017年に設定した5つのモデルルートの詳しい情報を掲載

https://cycle-hokkaido.jp/

**北海道サイクルツーリズム推進連絡会**
**「HOKKAIDO CYCLE TOURISM 自転車で旅する北海道」**

北海道各地のサイクリング推奨ルートの情報を掲載

http://www.hokkaido.cci.or.jp/cycletourism-hokkaido/

## 道内各地のルートで自転車旅を楽しもう！

その鍵を握るのが自転車周遊ルートの設定だ。「北海道のサイクルツーリズム推進に向けた検討委員会」（事務局：国土交通省北海道開発局・北海道）は平成29年（２０１７）、道内に五つのモデルルートを設け、休憩施設や案内看板・路面表示の充実など、走行環境の向上を目指して平成29年〜30年度で試行を実施し、サイクルツーリズムの推進方策をとりまとめる方針だ。

サイクルツーリズムに取り組む自治体が増える中、十勝地域では平成27年（２０１５）、自転車関係団体や行政機関が「十勝サイクルツーリズム研究会」を組織。同会設定の広域ルート「トカプチ４００」は、前出のモデルルートにも選ばれ、ルートマップの配布やプロモーション動画のネット公開など、世界水準の観光地を目指した取り組みを進める。

道内のサイクルツーリズム最新情報は、上掲のウェブサイトでチェックできる。北海道を自転車で旅して、各地の風景や食を満喫してみては。

稚内
利尻
名寄
網走
留萌
旭川
富良野
根室
札幌
帯広
釧路
室蘭
函館
平成29年度に試行を行った5つのモデルルート
きた北海道ルート
ルート全長：353km
「日本のてっぺん」を目指して、道北地域を縦断するルート。
石狩川流域圏ルート
ルート全長：430km
層雲峡から石狩川河口で走行可能な箇所を活用したルート。
阿寒・摩周・釧路湿原ルート
ルート全長：305km
東北海道の多彩な風景と野生動物との出会いを満喫するルート。
富良野・占冠ルート
ルート全長：182km
富良野を起点に3市町村に跨る、「田園休暇」を楽しめるルート。
トカプチ400
ルート全長：402km
帯広を起終点に、山や平野、海を望むロングライド・ルート。

 写真提供：十勝サイクルツーリズム研究会

# 十勝・ガーデン探訪記

## 「これが日本か。」

仏文学者、作家、評論家など多才な顔を持ち、世界各国のガーデン研究者でもある巖谷國士が綴る、十勝ガーデンめぐりの旅。

文・写真／巖谷國士

帯広市の真鍋庭園「赤屋根の家」の前のベンチでひと休み

**巖谷 國士**
いわや・くにお

1943年生まれ、東京都出身。仏文学者、作家、評論家、写真家、美術展監修者、講演家、明治学院大学名誉教授、シュルレアリスム研究の第一人者。旅行家としても知られ、世界65カ国と日本の全県をめぐって多くの紀行書を刊行。『幻想植物園』（PHP研究所）、『ヨーロッパ100の庭園』（平凡社）、『イタリア 庭園の旅 100の悦楽と不思議』（同）など庭園めぐりの著作も数多い。

### 北海道ならではの大庭園を目指して

昨年六月、『旅人類』三氏とレンタカーで走り、占冠《しむかっぷ》のパーキングエリアで休憩をとったとき、かたわらに庭園のあることに気がついた。

さりげない草花の庭だが、植物の感じが違う。とくに目についたのはオリエンタルポピーだ。赤とピンクの色がじつに鮮やかで、ふつうのポピー（ひなげし）より花弁が厚く大きい。可憐というよりは逞しい野性がある。

十勝へ来たのだ、と思った。

十勝とはどういうところか。広い

北海道のなかでも、とくに広さを感じさせる地方だろう。道内の「総合振興局・振興局」中最大で、面積は岐阜県（全国六位）に匹敵する。だが人口は34万（岐阜県は201万）にすぎず、その半分は唯一の市・帯広に集中している。十勝川にうるおう十勝平野は広く、農地だけでなく草原・森林も多い。しかも太平洋岸以外は大陸性気候で、雨量が少なく、大気は乾燥している。

要するに、人口密度と地勢と気候だけをとっても、いわゆる日本のイメージから遠く、むしろヨーロッパや北米に似ている。北海道全体がすでにそうだともいえるが、そのなかでもとりわけて大陸的で、まさに「日本らしからぬ」風土なのである。

そんなわけで、その十勝にあるいくつかの庭園を見に行かないか、と誘われたとき、私はすぐ同意した。本州以南の各地にのこる伝統的な日本庭園や、フランスやイギリスを表面的にまねた西洋庭園や、都市にあるチマチマした花壇園などに慣らされている昨今、それらと似ても似つかない、北海道ならではの新奇な大庭園に出会いたかったからである。

オリエンタルポピー ※

オリエンタルポピーの生き生きと群れ咲いている光景は、私の思いえがく十勝のイメージに合致した。中東原産のこの宿根草は高温多湿をきらい、したがって本州以南の庭ではあまり見ないものだ。その鮮やかな色彩はしかも、大気が透明で乾いていればいるほど映える。初夏の十勝にふさわしい花ではなかろうか。

実際、それからの三日間、大半の庭園にこの花があらわれ、こちらに目配せするように思えたものである。

## 森の芳香に包まれる『十勝千年の森』

まず到着したのは清水町の『十勝千年の森』だった。ここは明治の入植者によって開拓された農地の、その後に放置されてしまっていた跡地と雑木林に、十勝毎日新聞社が手を加え、自然庭園として造成した土地である。人の一生をはるかに超える見通しで森を育て、自然との共生を実現してゆこうとする意図から、「千年の森」と命名されたという。

麦飯石 ※

入口に降り立つともう森の匂いがする。小径の脇に大石がいくつか見える。麦飯石《ばくはんせき》という花崗岩の一種で、水や空気を浄化する力をもつだけでなく、古くから薬石とされてきたものだ。森の地下には無数の麦飯石が埋まっているため、伏流水が浄化されて効能をたくわえる。

それを実感したというわけでもないが、なんだか気分がよくなったのを感じる。森が視覚だけでなく五感のすべてに働きかけ、私を包みこんでくる。実際、ここは庭園といっても人工的な造作を最小にとどめ、森そのものを体験できるようにした土地なのだ。

台風の跡をのこす清流 ※

行く手に渓流があらわれ、木の橋を渡る。前年の台風で折れた木や崩れた石が、そのまま放置されているところもいい。千年の単位で見ればそれも自然の変化のひとこまにすぎないからだ。流れる水は驚くほど透明で美しかった。

やがて一気に視界がひらけ、なだらかな起伏のある草地に出る。手前の看板に「アースガーデン／大地の庭」とある。もとは平坦だった土地に、大小十三の波打つ丘を造り、森の小径から広い大地へと導いてゆく一種の舞台に仕立てた。正面に日高山脈が見はるかされる。手が加わってはいても、ここには自然が、それも本来の自然との連絡をよりスムーズにした人為の自然がある。

設計者はイギリスの造園家ダン・ピアソン。このアースガーデンは平成24年に、英国ガーデンデザイナーズ協会大賞・国際賞を授与されたというから、話はがぜん国際的になる。日本の庭園の思想をとりいれながら


※巖谷國士撮影

# 十勝千年の森

千年の森、「カムイのサークル」を望む木蔭で

芝の丘の起伏が美しい「アースガーデン」

「カムイのサークル」

十勝の野花で満たされる「メドウガーデン」

## 十勝千年の森 MAP P061

上川郡清水町羽帯南10線　TEL.0156-63-3000
営業／4月下旬〜10月中旬、期間中無休
9:30〜17:00(7・8月は9:00〜18:00、9・10月は〜16:00)
入園料／大人1,000円、小・中学生500円(学生証提示)
JR「羽帯」駅より車で6分

も、いま世界で求められている自然との融合・共存を、この十勝で実現してしまったわけである。

現代の日本によく見られるような、観光だの環境整備だのを口実にした事業や、お節介な「おもてなし」の発想もほとんどなく、ある意味では素っ気ない大空間で、そこが好ましく思われた。

芝地の一角に大きな石がならんでいる。「カムイのサークル」と呼ばれ、平成14年に据えられたインスタレーションだが、もとからあった遺跡のように見えなくもない。一見したところ縄文風の環状列石で、アイヌ民族の説話に擬したものらしい。

むかし、十勝の鹿と日高の鹿は長く戦っていたが、カムイ（神）が仲直りさせ、鹿たちはカムイの使者として十勝と日高を行き来するようになった。「円陣を組んだ石は鹿、中の石はカムイを表しています」と看板にあるが、たしかにこの石の円環には和解と、永遠につづく往来のイメージが宿る。周囲に草原と森林と遠い山脈しかない大空間のなかで、石は語らずして何かを伝えている。

この種のインスタレーションは別として、『十勝千年の森』の全体は平成12年以後にピアソンの構想したいくつかの庭園から成り、それぞれをめぐれば連続した体験が得られるようになっている。フォレストガーデン（森の庭）、メドウガーデン（野花の庭）、ファームガーデン（農の庭）など。

どこも気持のよいところだが、とくに幾何学的に地割されたファームガーデンの、みずみずしい野菜や香草の畑と、そこで働く女性たちの姿に惹かれた。黒い仕事着に鍔《つば》広帽をかぶり、穏やかな表情で作業をする庭師たちは、労働というより遊戯をしているようである。北欧かカナダの農園で見られそうな光景だった。

全体として予想以上に「日本らしからぬ」庭園である。自動販売機や「おもてなし」の装置がいっさいない。それだけでも快適だが、なによりもさりげない自然物、木や草や花や水や石や土、動物たちの有様がすばらしい。

糠平《ぬかびら》の「中村屋」で温泉に浸り

シベリア・アヤメ ※

群生する芍薬 ※

十勝平野の農地が美しい ※

睡蓮の浮かぶ池を中心とした「ナチュラルオアシス」

庭師さんと野草を観察

# 十勝ヒルズ

ながら、十勝へ来てよかったと思う。明日の庭園はどんなところだろうか。

## 異国と十勝の融合『十勝ヒルズ』

朝早く発って幕別町へ向う。農地の風景が美しい。茶色い畦《あぜ》の平行線のつらなる畑、その先に緑の草地、さらにその先に濃緑の針葉樹の列が伸びている有様は、まさに十勝だろう。単純な色と直線・平面のつくりなす広さの印象。

『十勝ヒルズ』は『十勝千年の森』と違い、ロンドン郊外の庭園にでもありそうな道具立てからはじまる。小さな素焼のライオン像が両側に置かれたアプローチの先に、モダンな格子の門があり、門柱の上には梨か茄子《なす》みたいな現代彫刻が見える。

その門は通らず、右手の「ヒルズショップ&カフェ」に入ると、白い格子窓から周囲の緑が見わたせる。農産物、とくに豆類の加工品がきれいに配置されていて、英国ナショナル・トラストの売店を思わせる。

十勝ヒルズは当地の豆問屋である農産物の総合商社「丸勝」の拠点で、平成20年に一種の観光庭園として開設された。この大会社の三代目にあたる現・専務が、十五歳のときにみずから望んでニュージーランドに渡り、十年近い留学生活をへて帰国、二十四歳で経営を任されたという。異文化のなかで成長した人物なので日本的な同調も忖度もせず、自由な発想でこの庭園を造ってきた。

ショップを出て、フランス式の幾何学的な地割をもつ菜園《ポタジェ》を抜け、レストランの建物を通りすぎると、十勝平野が見はるかされる。あちこちに白樺、柏、ニセアカシアなどの樹木が美しく伸びている。草地ではチャイブやオダマキに惹かれるが、とくに乾燥土に密集して咲くシベリア・アヤメの濃紫が心にのこった。

睡蓮の池や薔薇園の奥に、みごとな芍薬《しゃくやく》の群生がひろがる。目もさめるような赤とピンクに白もまじる。だがそれ以上に眩《まばゆ》く感じたのは道端に咲くオリエンタルポピーだった。

さらに山羊のいる牧地を通り、他所では見られない「ピッグファー

ハンガリー出身のシェフ

「ヴィーズ」の昼食

デザート「十勝石」。なかはチョコレートケーキ ※

マンガリッツァ豚の母子

## 十勝ヒルズ

中川郡幕別町字日新13-5
TEL. 0155-56-1111
営業／4月下旬～10月下旬、期間中無休
9:00～18:00
入園料／大人800円、小・中学生400円
JR「帯広」駅より車で15分
MAP P061

ガーデン内でイベントなども仕掛ける吉村透さん

レストランも庭園の中に美しく溶けこむ

ム」を見学。ハンガリーから来たマンガリッツァ豚の飼育場だ。若い専務はハンガリーへも出張して、東欧のこの農業国に故郷の十勝と似た気候風土を見いだし、同じく豚食に親しむ十勝にその美味を移植しようと考えた。地球規模の着想である。

マンガリッツァ豚の雌は水たまりに寝そべっている。仔豚たちがよちよち走り、背中にのぼったり乳を求めたりしているが、母豚はいっかな動く気配がない。雄豚のほうはずっと小柄で、小屋でうろついている。奇妙な家族である。

見た以上は食べないわけに行かない。『十勝ヒルズ』には同じハンガリーから来た高名な料理人モルドヴァン・ヴィクトル氏もいる。専務は駐日大使館料理長だったこのシェフと出会って意気投合し、当地に招いてレストラン「ヴィーズ」を任せたのである。

明るい店内で昼のメニューを食したところ、やはり旨い。主菜はマンガリッツァ豚の薄切に、ポーチドエッグと農場の野菜や香草を盛りあわせた一皿で、あっさりしていながらコクのある豚の風味が格別だった。

脂の融点の低いマンガリッツァ豚は柔かで臭みがなく、ハンガリーの国宝とされているものだ。私も何度かブダペストでこの豚の料理を体験しているが、今回の味は初めてのように感じた。十勝の食材とともに十勝で調理され、十勝で食べるからだろう。

デザートの「十勝石」を模したガトー・オ・ショコラもそうだが、ここではハンガリーと十勝が融合して、日本ではないどこかの料理が生まれているのかもしれなかった。

## 変化に富む回遊式の『真鍋庭園』

午後には帯広市内に入り、すでに名高い『真鍋庭園』へ。他よりずっと古く、明治29年に香川出身の開拓者のひらいた見本園を起源とする。第三世代が日本庭園と風景庭園を、第四世代が西洋庭園を造り、いまの第五世代も樹木育成につとめている。2万5000坪におよぶ広大な回遊式庭園である。

案内パンフレットの表紙に「これが日本か。」とあった。十勝らしくてお

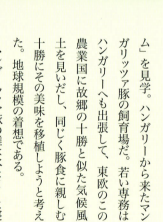

# 真鍋庭園

エゾモモンガの巣箱 ※

園内のかわいい標識 ※

日本庭園の不思議 ※

真鍋庭園のエゾリス ※

ガゼボ（あずまや）※

鯉の泳ぐ池をかこむ日本庭園

## 真鍋庭園

MAP P061

帯広市稲田町東2-6　TEL.0155-48-2120
営業／4月下旬～11月、期間中無休
8:00～日没（要問い合わせ）、
6～8月は8:00～19:00（入園は18:00まで）
入園料／大人800円、小・中学生200円
JR「帯広」駅より車で10分

もしろい。答えは「いや、日本ではない」でもよいし、「そう、日本なのだ」でもよいだろう。どちらにしろ日本についての通念をくつがえす庭園だということだ。少なくとも「国家」に従属するものではない「くに」としての北海道の、そして十勝のプライドを感じさせるキャッチコピーである。

ゲイトからしばらく行くと「日本庭園」に入った。中央に「鯉の池」がひろがり、正面に和式の「真正閣」が見える。茶室もあり、石灯籠も立っているが、どことなく異国風なのは植物の違いからか。針葉樹にかこまれたこの庭園はモントリオールかシドニーあたりの「ジャパニーズ・ガーデン」に近いかもしれない。

さらに行くと「西洋庭園」がはじまるが、庭園というより樹木園のようで、原生種だけではない多種多様の木に出会える。柳やポプラや楓《かえで》の海外種がつぎつぎに登場し、気がつけば異郷の森のなかにいる。爽やかな香と湿気、緑のグラデーション。

園内は広くて道も複雑なので、ときおり方向標識があらわれるが、その矢印が直線ではなく、道筋に合わせてくねくね曲っているところがかわいい。上部にリスや狐や兎の板絵のついた標識もあった。

行く手に「赤屋根の家」が見えてきて、これは戦後に住居として建てられたものだが、チロルの家を模しているせいか、いよいよ「これが日本か。」となる。その前のベンチでひと休み（82ページの写真）。

さらにシックなガゼボ（あずまや）を通りすぎてから、「展望デッキ」に着く。高さ6・5メートルの頂上にモモンガの巣箱があり、そこから見おろす眺めはすばらしい。樹木の形と色の組みわせのおもしろさに気づく。人工滝から小川が流れ、水辺にはさまざまな植物が繁茂している。

このあたりからが「風景庭園」になる。川と池の水面が美しい。「りすの教会」という洋式建物もあって、これは上部に小さな鐘楼のついた休憩所だが、実際にエゾリスも来るらしい。

「はまなすの丘」から「S字の滝」を経て出口に近づくと、しだれる常緑樹を怪物に見立てた「モンスターガー

ここにもオリエンタルポピー ※

バイカラーのアイリス ※

ビート畑で休憩中 ※

紫竹ガーデンの主・紫竹昭葉おばあさんと会って庭園のお話

色鮮やかなクレマチス ※

# 紫竹ガーデン

デン」まである。この行程で1・5キロ。じつに変化に富む回遊式庭園で、まさに「これが日本か。」を満喫することができた。なによりも繁茂する植物の精気と香気につつまれて、五感を開放する快楽を味わえた。

## 一人の女性の壮大な魔法『紫《し》竹《ちく》ガーデン』

三日目は十勝川温泉から南へ走り、ビート（甜菜《てんさい》）畑で休憩中のおじさんたちと話してから、『紫竹ガーデン』へ行った。他とは違って個人の造営する庭園である。社長の紫竹昭葉《しちくあきよ》さんはテレビでも有名なおばあさんだ。

入口は売店とレストランで、観光的な雰囲気がある。いわゆるメルヘン調の野外カフェを抜けると、これまでにない花の世界がひろがった。ここは十勝どころか全国にも稀な、草花を主体とする大庭園なのである。

1万8000坪という敷地に育つ約2500種の花々は、22のゾーンと13のコレクションにわかれ、時季折々に変化する。まず「花の径《みち》」から「パレット花壇」へ向うと、見なれた花が多いけれど、形や色や大きさに驚かされる。鮮明な黄と紫が一輪に同居するアイリス、白い葱坊主が巨大なアリウム、八重の逞しいオリエンタルポピー。150メートルつづく宿根ボーダーガーデンも、野草が匂い立つようで爽快だ。

「バラとクレマチスの径」には驚きがあった。季節柄クレマチス（鉄線）が中心だが、200種以上あるらしく、見たことのない大輪、八重、バイカラーのも咲いている。それらが野草とまじり、雑然と咲いているところがまたいい。

そのクレマチスの花蔭から、小柄なおばあさんがカートを押して登場したとき、またメルヘンを感じた。紫竹昭葉さんである。花畑のような衣裳で、帽子にも花を飾り、謎めいた独り言をつぶやく様子は高齢の妖精を思わせ、こちらは挨拶も早々に耳を傾けるしかなかった。

最初はカートに書いてあるとおり、北海道を「ガーデンアイランド」にしたいと、呪文みたいにくりかえしていたが、打ちとけると身の上話に

## 紫竹ガーデン

MAP P061

帯広市美栄町西4-107　TEL.0155-60-2377
営業／4月15日～11月末、期間中無休
8:00～18:00(閉園期間中、レストランは予約営業)
入園料／大人800円、小・中学生200円
JR「帯広」駅より車で35分

花の香りに包まれながら、話をきかせてもらう

小さな魔法使い、昭葉さん

紫竹ガーデンの入口の看板。
自分のうしろ姿の絵を見る紫竹おばあさん

ボーダーガーデン※

占冠の「北海道ハイウェイガーデン」にも、うしろ姿のマーク※

なる。紫竹さんは夫を亡くしてから数年間は泣きくらしていたというが、平成元年に思い立ち、63歳にしてこの広い土地を手に入れ、花々で覆いつくす魔法に着手したのだった。

　少女時代に帯広の野に遊び、美しい花を愛《め》でていたことが忘れられない。ある日その野原がつぶされ、農地に変えられてしまったときのショックが、のちの魔法の原動力になった。はじめ造園家の力を借りたが、あとは独力で造成・育成につとめ、四年後に観光庭園として開園。いまでは年間10万人が訪れるというから、これは壮大な魔法である。

　個人の庭、それも女性の庭であるところがすばらしい。絵本画家ビアトリクス・ポターや、作家・造園家シッシングハーストの前例が思いうかぶけれど、『紫竹ガーデン』はどちらの庭にも似ていない。十勝のおばあさんが好きなように造った十勝の庭だからで、基本は英国風でも真似事《まねごと》になっていない。随所に少女趣味やキッチュの道具だてもあり、北海道らしい大衆性が加味されている。

　紫竹さんに案内されて歩き、奥の菜園ではハスカップの実を摘んで食べると、甘酸っぱくて野趣にとむ北海道の味がした。老妖精と歩きながら、白樺林の先に目をやったとき、六月の曇り空の下に、十勝平野と日高山脈がうっすら見わたされた。

## 多様性を受けいれる十勝の風土

　訪れた庭園はほかにもあるが、次の機会に譲ろう。今回の四箇所はどこも個性的で、共通点が少なく、多様性をゆるす風土ということを考えさせた。十勝が歴史的に「官主導」ではなく、民間の活力のある地方だったことも関係するだろう。「これが日本か。」というキャッチコピーは、どの庭園にも通用するものだった。

　帰りにまた占冠パーキングエリアで休んだとき、オリエンタルポピーの咲く庭の看板に、すでに見なれたおばあさんのうしろ姿が描かれていることに気づいた。「デザイン 紫竹ガーデン」とある。これも魔法のひとつなのだろうか。

# 十勝平野、土と手の物語。

土こそ、全てだ――。日高山脈と大雪山系に囲まれた十勝平野には、モザイク模様を描いて広大な畑が広がる。19市町村からなる十勝管内は、食料自給率が約1100％（カロリーベース）という圧倒的な生産力を誇る。

山々がもたらす清澄な雪解け水。激しい寒暖差と長い日照時間。十勝の農業は環境を味方に付けて日本の食料基地として成長してきた。

「肥沃《ひよく》な大地」と書くと単に土壌に恵まれているだけ、と勘違いされそうだ。しかし、十勝の畑作・酪農・畜産を支えているのは、その源となる「土作り」から惜しみなく手間暇をかける生産者たちの情熱だ。

類さんが訪ねたのは、日本一広い公共牧場『ナイタイ高原牧場』。

「これだけの大規模な牧場は初めて見たね。外国にもこんなに起伏に

類旅Story
十勝編 2

# 五臓六腑が悦ぶ、十勝のうまいもの巡り

**牧場、農園、レストランから、夜は横丁の飲み屋まで――。十勝の美味を生み出す人たちに会いに行く。「食の宝庫」のごちそうに酔いしれる旅へ。**

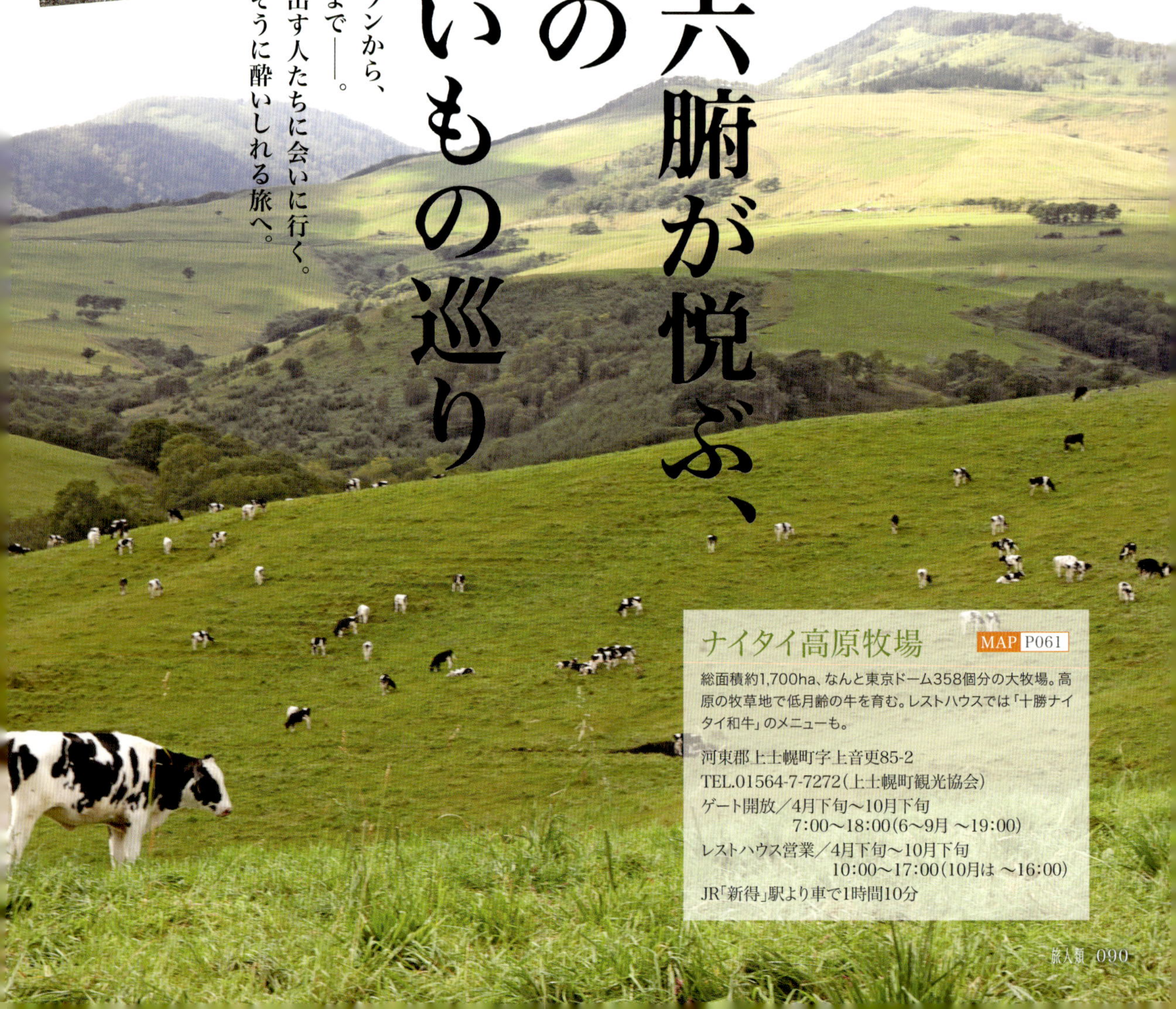

## ナイタイ高原牧場

MAP P061

総面積約1,700ha、なんと東京ドーム358個分の大牧場。高原の牧草地で低月齢の牛を育む。レストハウスでは「十勝ナイタイ和牛」のメニューも。

河東郡上士幌町字上音更85-2
TEL.01564-7-7272（上士幌町観光協会）
ゲート開放／4月下旬～10月下旬
7:00～18:00（6～9月 ～19:00）
レストハウス営業／4月下旬～10月下旬
10:00～17:00（10月は ～16:00）
JR「新得」駅より車で1時間10分

富んだ牧場はないよ」。そんなスケールの大きな十勝平野に飛び込み、大地のごちそうをいただくとしよう。

『ナイタイ高原牧場』のレストハウスにいる人懐っこい看板ネコ。

# チーズは文化。王国が誇る豊かな歴史。

新熟成庫で仕込む1個10kgの「ルーサン」には、約100ℓの生乳が用いられている。その出荷が待ち遠しい。

今回のうまいもの巡りは、大樹町の『半田ファーム』を訪ねて、チーズを知る旅からスタート。

日本にチーズの製法を伝えたのは「北海道酪農の父」ことエドウィン・ダン。明治9年（1876）、ダンが開いた真駒内牧牛場で初めて本格的なチーズが製造された。

それから140年余。北海道におけるチーズ作りのDNAは、幾度かの盛衰を繰り返しつつ、いま広く受け継がれている。優れた腕と志を持つ職人たちがインディペンデントのチーズ工房を各地に開業。多彩な味わいのナチュラルチーズを生み出し、消費者もその個性を楽しんでいる。

冷涼な気候に加え、新鮮で高品質な生乳と澄んだ水に恵まれた「酪農王国」十勝は、同時に「チーズ王国」でもある。国産のナチュラルチーズのうち実に約6割が十勝管内で生産されているという。

チーズは栄養価の高い保存食としての役割のみならず、工房や乳の種類、熟成の違いを楽しむ酒文化同様の世界を持つまでに進化しつつある。

万国共通、酒とチーズは切っても切れない間柄でもあるのだ。

『半田ファーム』のティールームでは、チーズの他に天然酵母の自家製パンや搾りたての牛乳も味わえる。

牧場でストレスなくのんびり過ごす乳牛たち。生乳の質がチーズの味に直結する。

# もっと深みを、さらにまろやかに。熟成庫で時を重ね、静かに味を紡ぐ。

「チーズは生き物です。そしてカビの文化であり、酵母の文化。日本酒やワインと同じです。敷板を取り替えたり、塩水で表面を磨いたり、乾拭きしたり。日々、丁寧に手をかけているつもりですが、良質なチーズに仕上がるかどうかは、実は地下の熟成庫に居ついているカビ菌任せなんですよ」

そう語るのは『半田ファーム』代表の半田司さん。20年以上前から農家チーズと呼ばれる、「自分で飼育した牛の生乳を使った酪農家手作りのナチュラルチーズ」の製造に取り組んできた草分け的な存在だ。

半田さんは原料となる生乳の質を高めるために牧草に着目。3種類の看板チーズには、それぞれ牧草の品種名が付けられている。セミハードタイプの「オチャード」、長期間熟成するハードタイプの「ルーサン」、念入りに塩水でウォッシュした「チモシー」といった具合だ。

土を作り、牧草を育て、牛を世話し、乳を搾って作る「農家チーズ」は、まさに十勝の恵みを丸ごと閉じ込めたものなのだ。ぜひ、その醍醐味を。

熟成庫のカビ菌は自然発生のワイルド種。人工的な育種菌ではないことが同定検査で確認されている。

赤ワインと天然酵母パン、自家製チーズ各種。最高の組み合わせだ。チーズは常温に戻して食べると、よりおいしさが際立つ。

チーズ作りは独学で身に付けたという半田さん。牛と向き合う酪農家としての確固たる信念を持つ。

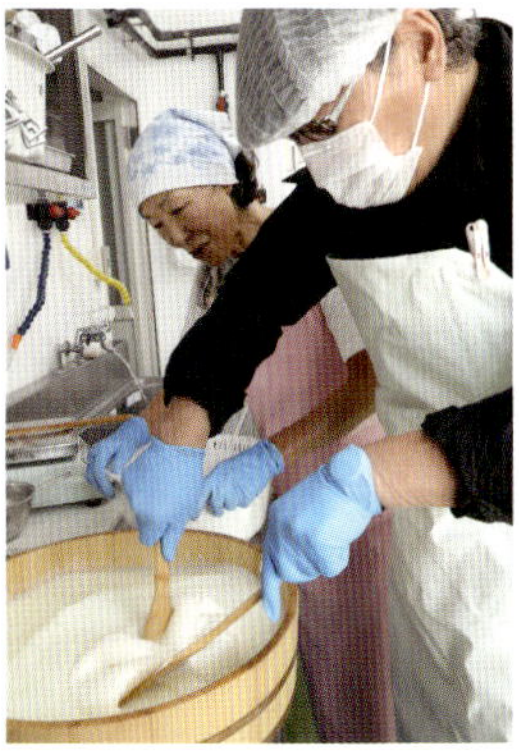

モッツァレッラチーズ作りにも挑戦。「おもちみたいな触感だね。簡単そうに見えるけどこれは難しい」。

ナチュラルチーズは発酵が生み出す芸術。季節や熟成庫の環境、カビ菌などの違いで食味は千差万別に変化する。

十勝ワイン「トカップ」の赤を飲みながら、半田さん自慢の「ルーサン」をつまむ類さん。「クルミのようなナッツ感がありますね。香りにも余韻が。僕はヨーロッパでも暮らしていたことがあるから比較できますが、北海道のチーズは全然負けてないですよ。本当においしくなりましたね」。

平成28年（2016）には新しい熟成庫を増設。現在は1個10kgの本格的な熟成チーズを仕込んでいる。「大きい分だけ熟成期間も長くなりますが、水分が抜けて味の深みが出るはず。20年かかってようやくここまできました。また1年ずつ積み上げていかなくちゃならないんですが、慌てず急がず『牛の歩み』でいいのかな、と思っています」と半田さんは顔をほころばせた。

## 半田ファーム

ティールームではチーズの他に、牧場ミルク、チーズケーキなどを提供。奥様の芳子さんが焼き上げる自家製天然酵母パンは、乳製品との相性も抜群で感動モノのうまさだ。

広尾郡大樹町下大樹198
TEL.01558-6-3182
11:00〜18:00
月・火曜休
JR「帯広」駅より車で1時間

MAP P061

# 大地の恵みを いただきます! 畑ガイドと行く 収穫体験。

「十勝の畑作は、小麦、ビート、イモ、豆が主な生産物。川野農園さんではビートの代わりに、たくさんの種類の野菜を育てています」。そう話すのは、畑ガイドの井田芙美子さん。十勝の畑で農業と食の体験型ツアーを催行する『いただきますカンパニー』の代表である。

「北海道の広大な畑の中で、そこで採れた農作物を食べたらおいしいに決まってますよね。畑ガイドは情熱あふれる農家と消費者の方々との橋渡し役。ありのままの農業の姿を見ていただければ」。井田さんのそんな思いに賛同するのは、音更町の「黒田農場」と「川野農園」、芽室町「坂東農場」、帯広市「道下広長農場」。毎年5月から10月にかけて実施される「農場ピクニック」は、その四つの農場で栽培される小麦や菜の花、トウモロコシ、ジャガイモ、長イモの畑が舞台。畑ガイドの解説を聞きながら収穫したり、採れたての野菜をランチやおやつとして食べることができる。国内外から多くの観光客が詰め掛ける人気のツアーだ。

川野農園の「えりも小豆」畑も見学。畑でなったまま枯らせてから収穫するのだという。

参加者は害虫や病気の侵入を防ぐため、専用の長靴かブーツカバーを着用する。トウモロコシ畑に向かった類さんを「川野農園」の川野実忠さんが迎えてくれた。

「少しひねって、下にポキッと。そうです、そうです」。類さんが奇麗にもぎ取ったのは、糖度約20度、皮付き総重量５００ｇ超えの大型スーパースイート品種「おおもの」。早速外皮をむいて、その場でかぶりついてみた。

「生で食べてもメチャクチャ甘い！」と類さんは驚嘆。「北海道で一番うまいと評判なんですよ」。そう川野さんも自慢する出来栄えだ。

「土のそばで生きることが、どんなに意義のあることか。前から菜園をやってみたいとは思っているんだけど、旅から旅の人生だからなあ。でも畑の中にいると、細かいことが気にならなくなっちゃうね」

本来関係者しか入ることができない畑作地で土に触れ、農作物が育つ様子を目の当たりにできる農村ツーリズム。十勝のおいしさの源を理解するにはうってつけの体験だ。

「湯を沸かしてから採りに行け」といわれるほど鮮度が命。

3人一緒に生のままガブリ！　その甘さとジューシーさは果実級。

## いただきますカンパニー

平成24年（2012）に設立、翌年には法人化。体験観光事業「農場ピクニック」を主催する他、小学校への出前授業や畑ガイドの育成、都市と農村の交流事業なども手掛ける。ガイドツアー「農場ピクニック」についての詳細はウェブサイトを参照。

http://www.itadakimasu-company.com
9:00〜17:00　月曜休（5〜10月、ツアー期間中は無休）

# 弾けるうま味！ブランド豚の本物ソーセージ。

「ソーセージ盛り合わせ」540円。プリプリの食感と優しい味わいが◎。

羊の腸にタネ肉を均等に詰める工程はかなりの難易度。類さんもいつしか真剣な表情に。

桜のチップで1時間ほど燻せば完成。

大美浪さんご夫婦と類さんで記念撮影。

## 源《げん》ファーム

豚肉料理の名店。最上級のケンボロー・ホエー豚の加工品は、店頭またはウェブサイトでも購入可能だ。

広尾郡大樹町字開進111-1
TEL.01558-9-6116
11:00〜17:00
月・火曜休
JR「帯広」駅より車で1時間
MAP P061

大樹町にある『源《げん》ファーム』は、養豚場直営のレストラン。イギリス原産の希少なケンボロー種を栄養満点のホエー（乳清）で育てた、オリジナルのブランド豚「源ポーク」を味わえる豚肉料理の専門店である。

「おいしさを直接伝えたい」と、代表の大《おお》美《み》浪《なみ》源《はじめ》さんがレストランを構えたのは平成12年（2000）のこと。現在は、娘のちえさんと孝志さん夫妻で運営に当たる。

看板メニューは豚丼やポークステーキだが、豚肉加工品の製造・販売、ソーセージ作り体験も好評だ。

ということで、類さんもチャレンジ開始。赤身と脂身を挽いたものを2週間かけて塩漬けにし、冷蔵庫で熟成させたタネ肉を少量の牛乳でこねていく。亜硝酸ナトリウムなどの食品添加物は一切使わず、加える香辛料も少なめにしている。難しいのが腸詰め作業で、「途中で破れることも多いんですが、類さん、器用ですね」と孝志さん。桜のチップで燻して完成するソーセージは、豚肉のうま味が口いっぱいに広がる「本物」だ。

# 揚げたてホクホクコロッケが美味！農場直営の人気店。

「コロッケセット（サラダ・味噌汁付き）」780円。サラダもボリュームたっぷり。

直売所とレストランを切り回す大野亜理沙さんと。豊富な品ぞろえの野菜類は圧巻。

スタッフの藤内美栄子さんと3人で十勝の野菜談義。

周囲の風景に溶け込んだかわいい店舗。

## 農産物直売所
## こむぎばたけ

窓の外には大野ファームの農場が広がり、文字通り畑直送の旬の野菜が購入できる。地元のファンも多い人気店だ。

河東郡音更町十勝川温泉北13丁目2
TEL.0155-46-2377
4･5･10･11月 10:00〜16:30
6〜9月 9:30〜17:00
月曜休（12月〜4月は休業）
MAP P061 JR「札内」駅より車で15分

　大きな花時計「ハナック」を眺めながらモール温泉の足湯に浸かれる、十勝川温泉のランドマーク「十勝が丘公園」。そのそばにある『農産物直売所 こむぎばたけ』は、例年4月から11月まで営業するファームレストラン兼直売所だ。

　豚丼やカレー、生姜焼き、ハンバーグといった手頃なランチセットが人気。いずれのセットにも、隣接する大野ファームで4代目の大野敏文さんが育てた、季節の野菜サラダが付く。

「これホントにジャガイモだけを使ってるの？　十勝のジャガイモってこんなに甘いんだ！」と類さんも舌を巻いたのが看板メニューのコロッケ。この日はレッドムーンを使った揚げたてを熱々のうちに、みずみずしいサラダと一緒に思う存分堪能した。

　直売所には、収穫時期ごとにそれぞれ旬の野菜類が並ぶ。キャベツにカボチャ、ピーマン、ホウレンソウ。さらには、金時や小豆といった豆類も量り売りしている。十勝の畑の底力を満喫した上、その恵みを自宅でも楽しめるのがうれしい。

十勝産の野菜をたっぷり味わえる『食堂とカフェと』は、今年で創業30周年を迎える。シェフの田頭淳一さんと奥様の照美さんが作り出す、イタリアンをベースにした料理は文句なしの確かな味わいと評判だ。

「無農薬栽培や有機栽培に誠実に取り組む地元の農家さんから、安心して食べられるおいしい野菜を仕入れています」と話す淳一さん。そうした素材を生かす調理のバリエーションも実に豊富である。

例えばこの日のランチ「野菜づくしのワンプレート」は、下の写真の手前が「ホクホクジャガイモとミートボールのグラタン風」、左下は「ニンジンのスープ」。加えて、「レンコンとニンジンのラペ」「ダイコンと豆のカレー煮」「カポナータ」「生野菜サラダ」の全6品に、自家製の天然酵母パンまたは雑穀ライスが付いてくる充実ぶり。

"野菜大好き"な類さんは、オーガニックの白ワインを飲みながら完食。「ホントにうまいね。十勝の野菜ってすごい」と感心しきりだった。

# 旬の野菜がうれしい、健康志向のイタリアン。

「野菜づくしのワンプレート」1,000円。健康に配慮し洗練を極めた料理だ。

## 食堂とカフェと

「からだに優しい料理」をコンセプトに、昭和63年（1988）に創業したレストラン。地場の野菜を存分に味わえるメニューがそろう。

帯広市西21条南5丁目27-8 MAP P061
TEL.0155-36-2300
11:00〜15:00(L.O.14:00)、18:00〜21:00(L.O.20:00)
毎週月曜、第2・第4水曜休　JR「西帯広」駅より車で10分

店舗は帯広市郊外の閑静な住宅街にあり、白い壁と三角屋根が目印。駐車場も完備。

田頭淳一さんと照美さんご夫妻、娘の望都さんとお孫さんの煌太郎くんも一緒に。

フロア担当の望都さんが料理とワインをサーブ。

酒場詩人と女流俳人、
酒を挟んでの邂逅《かいこう》。

「鄙願」や「菊姫」で浅酌低唱。すっかりほろ酔い加減に。

「古い建物の方が不思議と心が落ち着くよね。こういう発見も旅のよさ」と類さん。

## そば 小川

MAP P060

そば好きには「御前そば（白色）」250円増、「田舎そば（黒色）」200円増もおすすめ。そばの実を炊き込んだ「ごはん」250円も見逃せない。

帯広市西1条南6丁目20　TEL.0155-25-2580
11:00〜14:30、17:00〜19:30（L.O.19:00）
月曜休（祝日の場合は翌日休）、日曜は昼のみ営業
JR「帯広」駅より徒歩10分

# 由緒正しきそばの名店。昼酒で一献、またうれし。

日本酒によく合う「鴨せいろ（つけ鴨）」1,600円。つゆや薬味もそば本来の風味を引き立てるものを厳選して使う。

平成2年（1990）創業の『そば 小川』の店舗は、明治期に味噌や地酒を製造していた『小川醸造』の酒蔵を改築したもの。店主の小川昌弘さんとご子息の吉輝さんが中心となって店を切り盛りしている。

蔵で低温保存する玄そばを石臼挽きで自家製粉。丁寧に手打ちで仕上げたそばは、豊かな香りと爽快な喉ごしが楽しめる逸品だ。

またそのルーツが酒蔵というだけあって、日本酒の品ぞろえが秀逸。「東一、北の勝、刈穂、菊姫。こういうお酒を飲めるおそば屋さんも珍しいね」と類さんも感嘆。

酒蔵の ぬれし白壁 ゆふ焼くる
よしの

通された小上がりには、昌弘さんの祖母で俳人としても活躍した小川よしのさんの句が額装して掲げてある。類さんは新潟の大吟醸「鄙願《ひがん》」の杯を傾ける手を止め、一心に見詰めている。句詠み同士の時を超えた交歓といったところだろうか。

帯広、宵待ち
うまい町！

小路や横丁を
うろうろと。
看板灯れば夜は本番。

手前が「赤魚粕漬焼」450円。刺身盛りは釧路産のクジラと松川カレイのえんがわで計1200円。奥は「セロリのきんぴら」400円。

美味なる酒と趣向を凝らした料理に加え、店主の気さくな人柄も魅力だ。

よき酒縁、常連さんと一緒に乾杯！

# 古きよき飲み屋街、栄マーケット。常連集う名店へ。

## のみ亭

創業35周年を迎える「栄マーケット」の最古参。旬の魚介を使った一品料理の他、店主の木元さんが自ら打つ二八そばも隠れた人気。

帯広市東1条南9丁目 栄マーケット本通側角
TEL.0155-22-1081
18:00〜24:00　水曜休
JR「帯広」駅より徒歩10分 MAP P060

小路に、横丁に、屋台村——。帯広中心部の繁華街には、暮れ時の一献を楽しめそうな個性派の飲食店が軒を連ねる。口開けの一杯を味わうべく類さんが足を向けたのは、夜の街の賑わいから東に少し外れた「栄マーケット」。この帯広随一の歴史ある飲み屋街で暖簾を掲げるのが、カウンター7席の小体な居酒屋『のみ亭』。店主の木元利栄さんが誂える旬の味覚とうまい酒を求めて、常連たちが足繁く通う。

まずは軽く生ビールで喉を潤した類さん。額装して飾られている木元さんのアート作品を眺めつつ、日本酒も加賀山水から七賢へ。

面白いのは酒を注文する際、さまざまな絵柄や色、形のお猪口の中から客が好みのものを選び取るシステム。「飲ん兵衛になると、酒器を選ぶようになるもの。ご主人はアーティストだから、そりゃあ凝りますよ」。やがて常連が一人、二人と顔を出し、カウンターはいつしか満席に。帯広の夜はまだまだ宵の口だ。

# 手料理で、銘酒を味わう。

サケの南蛮漬け、だしで炊いた豆腐、手羽先から揚げ、クリームシチュー、白だし味玉に塩辛2種――。こんな手料理が次々と供されれば、杯もすいすい進むというもの。

今宵、類さんが見つけたのは、名門通に面した長屋風の建物に店を構える『おばんざい紫乃』。シックなカウンターが特徴の落ち着いた店だ。

元銀行員という異色の経歴を持つ店主の佐々木忍さんは、ある日「やっぱり家の普通のおかずで飲むのがイチバン!」と、酒飲みならではの天啓を得る。以来、十勝の食材を用いた日替わりの手料理8~10品を一律価格で提供してきた。

料理の腕もさることながら、類さんをうならせたのは日本酒のラインナップ。この日も浦霞、麒麟山、天の戸1013、酒一筋と渋めの品ぞろえが光る。「本当の酒のうまさが分かるのは、実は女性に多いんですよ。ここは飲めば飲むほど元気になるお店。ひとえに忍さんあってのことです」。

さすが類さん、お店選びの眼力に狂いなし。

十勝の美味をバランスよく味わえる「今日のおばんざい」2,500円。内容は日替わり。

忍さんは無類のお酒好き。「実に趣味のいい日本酒をそろえてますね」と類さん。

## おばんざい紫乃

平成24年(2012)から営業。店主・佐々木忍さんの手料理と厳選した銘酒が味わえることから、転勤族や出張族にも大人気。テーブル席もあり。

帯広市大通南11丁目5 11番街 MAP P060
TEL.0155-26-8161(15:00以降)
18:00~23:00 日曜・祝日休
JR「帯広」駅より徒歩5分

常連の女性陣と華やかに乾杯。「帯広、天国かも…」とつぶやく類さん。

# 食に酔い、雰囲気に酔う。

帯広の老舗レストラン『ランチョ・エルパソ』を訪ねると、名物オーナーの平林英明さんが、メキシコ産のテキーラ「マリアッチ」の瓶を片手にぶら下げ、満面の笑みで歓迎してくれた。

平林さんは、繁殖・飼育から生産・加工までを一貫するブランド豚「どろぶた」の生みの親としても知られる。幕別町忠類に約26haの広々とした牧場を構え、放し飼いで伸び伸び育てた豚を、ハムやソーセージに仕立てて提供・販売する。いわば十勝における6次産業化の先駆者であり、地産地消の実践家としても有名だ。

また、レストランに隣接する工房では、醸造家の十河文英さんが「帯広ビール」ブランドのクラフトビールを製造中。もちろん料理と共に出来たての一杯を味わえる。

店内の暖炉には火が入り、流れるのはポルトガルの民族歌謡ファド。「リスボンの裏町にある酒場で飲んでいるかのような、いい雰囲気のお店だね。気分は大航海時代そのもの！」。

グラスを重ねるうちに、二人は旧知の友のごとく打ち解けていた。

手前が「エルパソ冷製前菜プレート」1,580円。ビールは「小麦ダークエディション」600円。

「味も雰囲気も最高！」とゴキゲンの類さんとスタッフの皆さん。

## ランチョ・エルパソ

昭和51年（1976）創業、自家製ハム・ソーセージを使った料理で地元ではおなじみの店。ライブハウスとしても有名で、帯広の音楽文化の発信地でもある。

帯広市西16条南6丁目13-20 MAP P060
TEL.0155-34-3418
11:00～15:00、17:00～23:00（L.O.22:00）
水曜不定休（要確認） JR「帯広」駅より車で10分

ポルトガルの港町を思わせる雰囲気の中、平林さんとすぐさま意気投合。

まだまだある！

# 十勝エリアの酒場&お土産グルメ

帯広市

心安らぐ酒肴自慢の居酒屋

## 酒楽庵 徹《てつ》心《しん》

店主の小竹徹さんが厳選した季節の食材で仕上げる日替わり酒肴「徹心セット」1,500円がお得。刺身や天ぷら、煮付けといった2、3品の料理をコース風に。20時30分までに来店した方はまずこれから。日本酒や焼酎の種類も多岐にわたる。カウンター6席のみというこぢんまりした店内の造りが、家庭的で心安らぐ雰囲気を生み出している。

店主の小竹さんと。芋焼酎「紫の赤兎馬」をお湯割りで。

帯広市西1条南8丁目12 八丁堀内（西1条本通側）
TEL.0155-20-2010
17:30〜25:00(L.O.24:30)
土曜・祝日〜24:00(L.O.23:30)
日曜休
JR「帯広」駅より徒歩10分

MAP P060

帯広市内の歴史ある飲み屋街・八丁掘の西側角に店を構える。

冬場は各店がビニールカーテンなどで覆われ、寒さも気にならない。

帯広市

地場食材を味わいつつ、一杯

## 北の屋台

帯広市の中心部にあり、居酒屋、フレンチ、中華、串揚げなど、バラエティに富む20軒の小さな屋台が立ち並ぶ賑やかな屋台街。各店で十勝産の旬の食材を積極的に取り入れ、土地っ子はもとより、観光客にも人気が高い。平成13年(2001)のオープン以来、ここで人気を確立し、卒業(独立)した店も数多いという。隣席や店主との会話も肴に、帯広の夜を楽しもう。

夏場は店外の通路や中央の広場にもテーブルが並ぶ。各店から出前も可能だ。

帯広市西1条南10丁目7
TEL.0155-23-8194(北の起業広場協同組合)
営業時間・定休日は各店によって異なる
詳細は北の屋台のウェブサイトを参照
JR「帯広」駅より徒歩5分

MAP P060

清水町

いい牛乳は、土と牧草作りから

## あすなろファーミング

日高山脈の麓に位置し、牧場風景が連なる清水町に根を下ろす『あすなろファーミング』。農薬や化学肥料を一切使わない土・牧草作りにこだわり、牛にもストレスがかからないように放牧を行っている。牧場の側にある直営店では、栄養豊富でコクのある搾りたて牛乳をはじめ、プリンやヨーグルトなどを販売。乳化剤を使用せず、牛乳の風味そのままのソフトクリームも定評の味。

遺伝子組み換え飼料は与えず、健康で元気な牛に育てる。

商品は直営店、ウェブサイトや物産展などで購入が可能だ。

上川郡清水町清水第4線65　TEL.0156-62-2277
8:30〜17:30、日曜9:00〜17:00
無休
JR「十勝清水」駅より車で4分　MAP P061

豊頃町

さっくり、ふんわりと揚げられている。

町を代表する銘菓

## 朝日堂の アメリカンドーナツ

昭和23年(1948)創業の老舗菓子店『朝日堂』。80年代から販売しているという『アメリカンドーナツ』は、平日に1,200個、休日には3,000個も売れるという驚異的な人気商品だ(ちなみに町の人口は約3,200人)。甘さも控えめで、つい何個でも食べてしまえる。

中川郡豊頃町茂岩本町30　TEL.015-574-2402
9:00〜20:00　月・火曜休(祝日の場合は営業)
JR「豊頃」駅より車で6分　MAP P061

池田町

昭和49年(1974)からのロングセラー。

池田駅で愛される名物弁当

## レストランよねくらの 十勝牛のワイン漬ステーキ辨《べん》當《とう》

JR根室本線・池田駅前にある『レストランよねくら』は、池田牛ステーキと銘菓『バナナ饅頭』で知られる。『十勝牛のワイン漬ステーキ辨當』は、事前に予約しておけば駅ホームでも受け取りが可能。牛のうま味と肉汁が舌の上に広がる至福を、車窓と共に味わいたい。

中川郡池田町大通1丁目27　TEL.015-572-2032
9:00〜20:00(L.O.19:30)　木曜休
JR「池田」駅より徒歩1分　MAP P061

まだまだある！

# 十勝エリアの個性派・道の駅

士幌町

地元の人も
毎日通いたくなる

## 道の駅 ピア21しほろ

平成29年（2017）に誕生した、士幌町の新たな顔となる道の駅。観光客はもちろん、町民にとってのコミュニティ空間にもしたいと、朝9時から本格的な珈琲や軽食を提供するカフェや、食堂を併設。「しほろ牛」や町特産のジャガイモを使ったメニューが好評だ。近隣の農家と連携した「農家のおすそわけ野菜市」などもあり、農業の町・士幌町を身近に感じられる。

河東郡士幌町字士幌西2-134-1
TEL.01564-5-3940
9:00〜18:00(11〜3月は〜17:00)
食堂11:00〜15:00(11〜3月は月曜休)
無休　士幌町役場より車で6分 MAP P061

牛舎をモチーフにした独特の外観が目を引く。町の特産品も多数販売している。

「しほろ牛100%のハンバーガー」680円はカフェの名物。

食堂で人気の「しほろ牛剣先ステーキ」2700円。

国道236号沿いにあり、ナウマン公園や記念館など近隣で終日楽しめる。

連日、家族連れやライダーに人気。お土産を探すにはもってこい。

名物「純白ゆり根シュークリーム」165円は必食。

幕別町

ゆり根の名産地ならではの商品も

## 道の駅 忠類

日本で初めて化石によるナウマン象の全身骨格の復元に成功した事で知られる幕別町。観光名所でもある『ナウマン象記念館』に隣接するのが、この道の駅。ショップでは町の名産品である、ゆり根を使ったシュークリームやコロッケも販売。十勝産小麦粉を100%使用したベーカリーも併設し、白あんとコラボした「ゆり根あんぱん」は毎日売り切れるほどの人気商品。

中川郡幕別町忠類白銀町384-12 MAP P061
TEL.01558-8-3236
9:00〜18:00　無休
帯広・広尾自動車道・忠類ICより車で1分

地域交流の拠点となるイベントホールも完備している。

常時、20種類前後のパンが並ぶベーカリー。

ふるさと銀河線コーナーには、当時の鉄道マンが実際に使用していた道具類なども展示されている。

ふるさと銀河線・足寄駅ホームの風景をリアルに再現。

足寄町

### 足寄町の多彩な表情が見えてくる

## 道の駅 あしょろ 銀河ホール21

平成18年（2006）に廃線となった「北海道ちほく高原鉄道ふるさと銀河線」の足寄駅舎を、平成23年（2011）にリニューアルして開業。95年間にわたり、地域の足として活躍してくれた同鉄道の歴史を伝え残したいと、ホームや線路、列車をフロア内に再現。情報パネルや現物資料なども展示しており、往時の駅の活況が感じられる。その他、ラワンブキなど地元名産の食材を味わうことのできるレストランや、特産品を取りそろえるショップ、毎日焼きたてのパンを並べるベーカリーなども人気。また、同施設はバス利用者に配慮したさまざまな工夫が評価され、平成29年（2017）に国土交通省により地域交通の拠点としてのモデル「道の駅」にも選ばれている。

足寄町出身の歌手、松山千春のステージ衣装やリリース作品の歴史などを展示するギャラリーも。

レストランで提供している「あしょろ弁当」950円。

足寄郡足寄町北1条1丁目3
TEL.0156-25-6131（あしょろ観光協会）
9:00～18:00（11月～4月末は～17:00） 無休
足寄町役場より徒歩8分

MAP P061

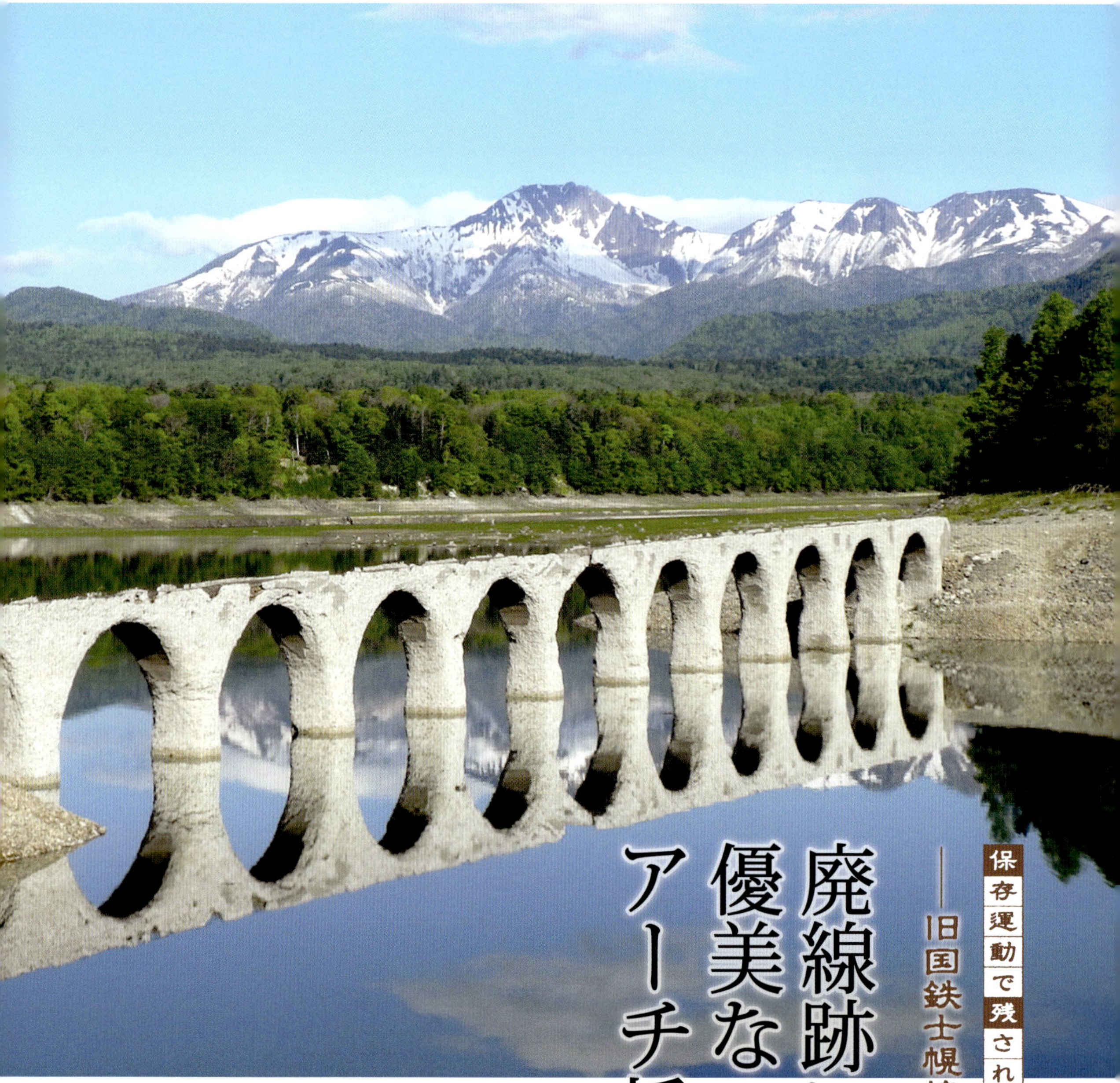

保存運動で残された北海道遺産

# 廃線跡に残る優美なアーチ橋を訪ねて

## ――旧国鉄士幌線コンクリートアーチ橋梁群

文／真尾 秀幸

### 旧士幌線の歴史を伝えるアーチ橋群とその魅力

私が初めて旧国鉄士幌《しほろ》線を訪ねたのは、今から40年ほど前の学生時代のことだ。当時は列車に乗ることを主な目的にしていたが、十勝三股《とかちみつまた》駅の駅長さんから、コンクリートアーチ橋梁《きょうりょう》（以下、アーチ橋）群の存在を教えていただき、さっそく仲間と見に行ったことを覚えている。

近年、注目を集める「ヘリテージ・ツーリズム（産業遺産を探訪する旅）」を先取りしたことになるが、そ

昭和13年ごろに撮影された、糠平ダムができる前の旧線に架かる「タウシュベツ川橋梁」。
写真提供／NPO法人ひがし大雪アーチ橋友の会

昭和12年に完成、長さ130mの「タウシュベツ川橋梁」。糠平ダムの水が減る1月ごろから姿を見せ、水位が上がる5月ごろには沈み始めて、夏ごろには湖に没することから「幻の橋」とも呼ばれる。
写真提供／上士幌町観光協会

湖の水位が一番低くなるGW前の春の景観。
写真提供／上士幌町観光協会

## ひがし大雪自然ガイドセンター

MAP P061

アーチ橋見学ツアー（約2時間半）は事前予約が必要。5月初旬〜10月中旬。開始時間（①9:00〜、②12:00〜、②15:00〜）10分前に糠平温泉文化ホールに集合。料金／大人3,500円、小学生1,500円

河東郡上士幌町ぬかびら源泉郷北区44-3
糠平温泉文化ホール内
TEL.01564-4-2261　9:00〜18:00
上士幌町中心部より車で30分

昭和52年（1977）に筆者（写真左）が訪れた十勝三股駅にて。


真尾　秀幸《ましお・ひでゆき》

1954年生まれ。栃木県出身。札幌市在住。医師、地図・鉄道研究家。平成28年（2016）より2代目代表として「コンターサークルs」を主宰。

秋のアーチ橋見学ツアーの様子。ガイドの説明を聞き逃さないように。

の旧士幌線が今では産業遺産の聖地となったのだから、隔世の感がある。

東大雪《ひがしたいせつ》エリアという建設当時、資材輸送には不便な土地ゆえに、そこに建設されたアーチ橋は、現地調達できる材料を用いた工法が採用された。しかし完成した橋が優美なものだったことから、多くが近代化遺産（日本の近代化に貢献した建造物）として国の登録有形文化財となり、全体は『旧国鉄士幌線コンクリートアーチ橋梁群』として「北海道遺産」にも選定されている。

ここでは、これまで筆者が何度も探訪した経験を踏まえて、アーチ橋群の魅力を紹介したい。

## 見学ツアーで堪能するタウシュベツ川橋梁

初めて訪れるなら、糠平湖《ぬかびらこ》東岸の「タウシュベツ川橋梁」ははずせないだろう。昭和12年、士幌旧線に設けられたアーチ橋で、全長130m、直径10mのアーチを11個連ねる。蒼い湖面に半分沈んだアーチとその湖面上の鏡像がメガネ状に並ぶ光景は、

写真提供／上士幌町観光協会

アーチが雪原に映える「タウシュベツ川橋梁」冬の景観。

「日本の絶景」の筆頭にランクされるほどの人気を誇る。対岸の展望台から見る姿は古代ローマの水道橋を彷彿とさせ、実に優雅だ。

だが、これは真の姿ではない。そばで見ると、表面のコンクリートは剥がれ落ち、内部の鉄筋や砂利も露わで、今にも崩落しそうな状態なのだ。そうした危うさと、整然とアーチを連ねる堅牢さとの不可思議なバランス——それこそが、タウシュベツ川橋梁の魅力なのだと思う。

しかし、個人で近づくことは容易でない。橋への林道は通行が規制され、徒歩で往復8㎞を歩くか、車なら森林管理局支署に申請が必要となる。そこでおすすめしたいのが、『NPO法人ひがし大雪自然ガイドセンター』が主催するアーチ橋見学ツアーだ。

このツアーは、タウシュベツ川橋梁の間近まで行って、一時間ほど周囲を自由に散策し、他のアーチ橋や遺構が残る旧幌加《ほろか》駅に立ち寄るというもの。さらに、河田充《かわだみつる》さんをはじめとする知識と経験豊富なガイドが、橋の見どころや歴史、周辺の自然について丁寧に教えてくれるから、コストパフォーマンスは高い。

また、ダム湖が凍結する冬季も、湖上を横断するツアーを行っている。

# 東大雪を切り拓いた旧士幌線60余年の軌跡

昭和11年に建設された「第三音更川橋梁」の現役時代。右下は現在の姿。

写真提供／NPO法人ひがし大雪アーチ橋友の会

# 旧国鉄士幌線 アーチ橋マップ

## 士幌線の歴史
(1925～1987)

士幌線は大正14年(1925)に帯広・士幌間が開業。翌年には士幌・上《かみ》士幌間が延伸開業した。その後、上士幌から十勝三股に向けて段階的に延伸し、昭和14年(1939)に帯広・十勝三股間が全通した。昭和30年(1955)には、糠平ダム建設のため清《し》水谷《みずだに》・幌加間の14.9kmをルート変更。昭和53年(1978)、糠平・十勝三股間をバス代行化し、昭和62年(1987)に全線を廃止して60年余りの歴史を終えた。

保存運動で残された北海道遺産 ―旧国鉄士幌線コンクリートアーチ橋梁群

**旧十勝三股駅**
(終着駅)

**十三の沢橋梁**
長さ58m、昭和13年(1938)。
※登録有形文化財

**第五音更川橋梁**
長さ109m、昭和13年(1938)。
※登録有形文化財

**第六音更川橋梁**
長さ96m、昭和13年(1938)。
※登録有形文化財

**旧幌加駅跡**
プラットホームとレールの遺構が残る。昭和14年(1939)開業。
※登録有形文化財

**音更トンネル**
長さ165m、昭和12年(1937)。
※登録有形文化財

**五の沢橋梁**
長さ7m、昭和30年(1955)。

**タウシュベツ川橋梁**
長さ130m、昭和12年(1937)。

**糠平川橋梁**
長さ63m、昭和30年(1955)。
※登録有形文化財

**三の沢橋梁**
長さ40m、昭和30年(1955)。
※登録有形文化財

**第四音更川橋梁**
長さ91m、昭和11年(1936)。

**第二音更川陸橋**
長さ63m、昭和11年(1936)。

**第三音更川橋梁**
長さ71m、昭和11年(1936)。
※登録有形文化財

### 上士幌町鉄道資料館
旧士幌線63年の歴史を写真パネルや当時の貴重な資料で紹介。大型モニターでの乗車体験も楽しめる。
河東郡上士幌町字ぬかびら源泉郷
TEL.01564-4-2041　9:00～16:00
4～10月／月曜休(7～9月は無休)、11～3月／休館
入館料／100円
上士幌町中心部より車で30分
MAP P061

ただし、橋が水没する晩秋から翌年春の連休前までは、前出のツアーは休止するので、事前にガイドセンターのウェブサイトなどで確認するといい。

## 気軽に探訪できる国道沿いのアーチ橋

一方、国道沿いに残るアーチ橋は、誰でも気軽に探訪できる。帯広方面から国道273号で糠平湖に向かうと、最初に現れる大型のアーチ橋が、国道沿いの音更《おとふけ》川に架かる全長71mの4連アーチ橋「第三音更川橋梁」(昭和11年)である。

元小屋《もとごや》ダム貯水池を背景にしたアーチの径は、32mと鉄筋コンクリートアーチ橋としては全道一の大きさを誇る。しかし近年、橋の劣化が進んだため、『NPO法人ひがし大雪アーチ橋友の会』が補修費用の募金を開始。平成29年(2017)12月までに1億円を超え、平成31年(2019)度に補修工事が行われる予定だ。

ここは秋がいい。アーチ越しの青い水面と色づいた樹々がコントラストをなす、妖艶な姿が見られる。

昭和48年撮影の「第五音更川橋梁」（右）を疾走するSL。下は現在の姿。橋梁の長さは100mを超える。

写真提供／NPO法人ひがし大雪アーチ橋友の会

「第五音更川橋梁」（昭和13年）は、旧幌加駅北側の音更川に架かり国道から全体を見渡せる。川を跨ぐアーチの径は23m、他は10mの8連アーチ橋で、河床の岩を映して青く見える流れと、背後の広葉樹が橋に彩りを添える。間近で見たければ、国道脇から旧道で少し下るとよい。

このほか、第二音更川陸橋（昭和11年）、第六音更川橋梁（昭和13年）、糠平川橋梁・三《さん》の沢橋梁（各昭和30年）、十三《じゅうさん》の沢橋梁（昭和13年）など多くのアーチ橋が今も残る。

## 保存運動で残された貴重な産業遺産

そもそも旧士幌線は、森林資源の開発と輸送を目的に建設が始まった。昭和14年（1939）に上士幌・十勝三股駅間が延伸開業して全通。東大雪の山々に囲まれた終点の十勝三股駅は標高661・8mの位置にあり、かつて道内国鉄駅の最高地点だった。

そこに到達するまでには、音更川の険しい渓谷を幾つも渡る必要があることから、多くの橋梁の建設が求

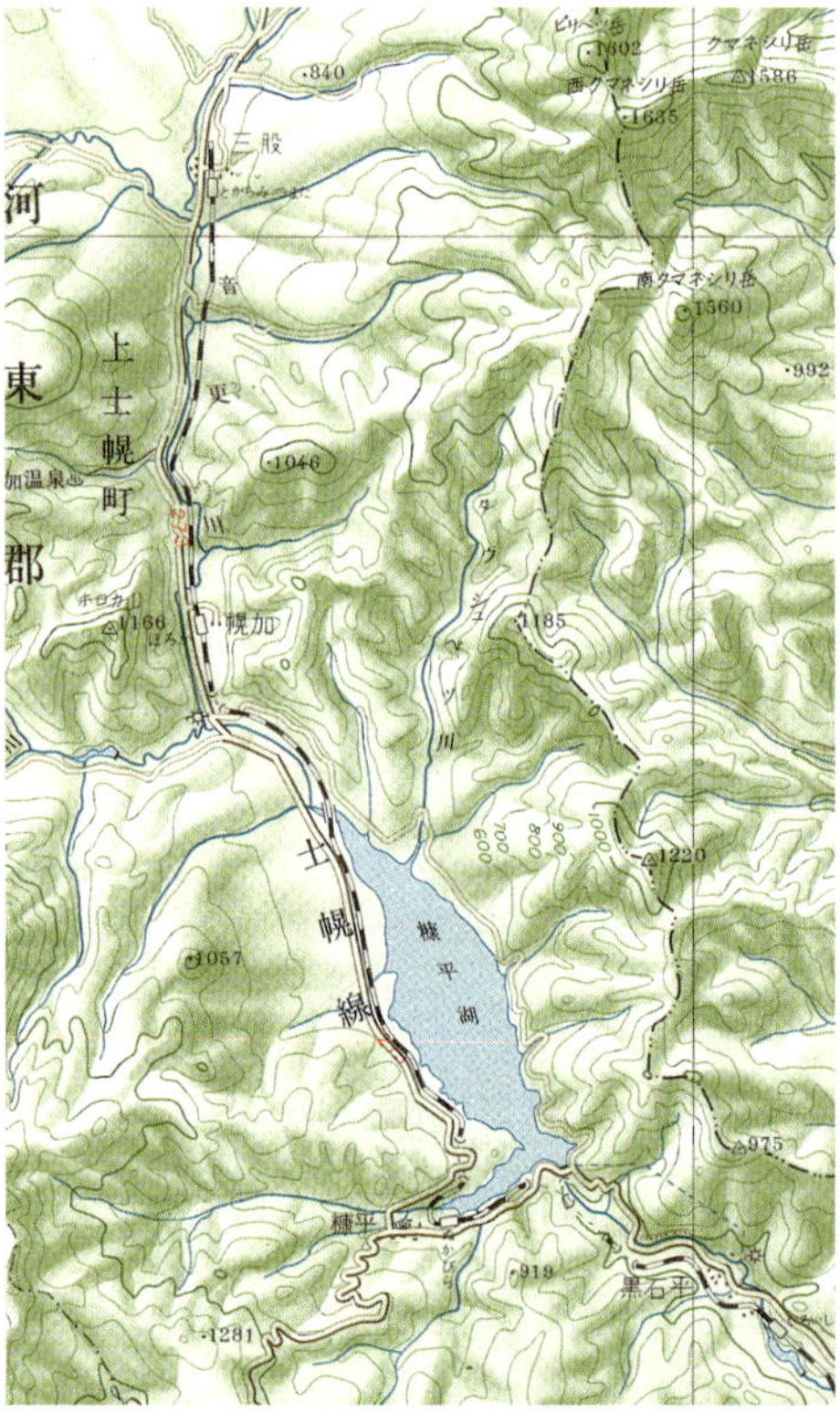

右は、ダム建設前の士幌線・旧線が記載された、国土地理院発行の20万分1地勢図「北見」（暫定版）（昭和3年編纂、同24年修正）。左は、ダム完成後の士幌線・新線が記載された、同20万分1地勢図「北見」（昭和36年編集、同55年要部修正）。

められた。そこで鉄道省北海道建設局の技術陣は、建設コストを下げるため鋼鉄製の桁橋《ガーター》でなく、現地調達が可能な砂利や砂を使うコンクリート製の採用を決定。こうして昭和11年（1936）から2年をかけて、27ものアーチ橋が造られたのである。

昭和28年（1953）には、電源開発（J-POWER）の糠平ダムが着工。ダム湖に沈む旧線を昭和30年（1955）に廃止し同年、糠平湖西岸に新線を付け替えて20のアーチ橋が誕生するものの、昭和62年（1987）に士幌線は廃止。旧国鉄から線路跡地を移管された国鉄清算事業団は、平成9年（1997）にアーチ橋の解体を町に通知する。

しかし、歴史的価値を持ち、優れたデザイン性も兼ね備えたアーチ橋を後世に残そうと、上士幌町民や研究者、鉄道ファンなどが『ひがし大雪鉄道アーチ橋を保存する会』を結成し、保存運動を展開。これを受けて上士幌町議会も保存を決議し、34の橋梁を含む線路跡が平成10年（1998）、清算事業団から上士幌町に譲渡されたのである。

ただし、旧線部分のタウシュベツ川橋梁は、上士幌町に譲渡された部分に含まれず、ダム湖を管理するJ-POWERが所有。湖内の橋梁は、枯木や流木と同じ扱いのため、放置された状態は今後も続き、水没、浮上、凍結、融解を繰り返しながら、いずれ崩れ去る運命にある。それもまた、一つの在り方なのだろう。

昭和30年完成の「糠平川橋梁」(右)には、極寒に耐えるコンクリートを採用。橋の上は整備され、自由に歩ける(下)。

## 産業遺産として評価されるコンクリートアーチ橋梁群

鉄道省北海道建設局は、昭和11年(1936)から2年をかけて、士幌旧線に27のコンクリートアーチ橋を建設した。その工法は、3つある長径アーチ以外は無筋コンクリートとし、各アーチの上部については外壁だけを鉄筋コンクリートで造り、内側に現地で採取した石を詰めて、最上部を線路下に敷く砂利・砕石で固めるというものだった。しかし、完成から約80年を経た今も多くが現存し、優美な外観は風景と調和していることから、その優れた工法と卓越したデザイン性が高く評価されている。

写真提供／NPO法人
ひがし大雪アーチ橋友の会

昭和11年の完成前に撮影された、建設中の「第三音更川橋梁」。木材で組まれた足場が、時代を感じさせる。

# リラが白や薄紫の花を咲かせる頃

## ——福永武彦の帯広

池澤 夏樹

人間的に意味づけられた土地をトポスと呼ぼう。

作家にはトポスを重視する者とそうでない者がいる。前者の典型は『ユリシーズ』を書いたジェイムズ・ジョイスで、ダブリンという都市がなければこの大作は成立しなかった。執筆は彼がここを離れてから始められ、帰ることのないままに7年かけて完成された。

福永武彦の場合はどうだっただろう？

『草の花』は清瀬の療養所を枠として、その中に一高の寮や伊豆の戸田の合宿所などの過去の話が回想として出てくるが、しかしこれらの土地が物語を生みだしたわけではない。

九州の柳川に繰り広げられる『廢市《はいし》』という中篇があるけれど、あのぬるい水が匂い立つような話では、町はいわば演劇でいうところの背景幕であって、それ以上ではない。そもそも作者は現地に行くことなく写真集をもとにあれを書いたと告白している。写真に喚起されたフィクションであることを想像力の成果として誇るかのごとくだ。

しかし、帯広という土地については事情が異なるとぼくは考える。彼はここで足かけ3年に亘って暮らしたし、それは運命的な要素の多い濃厚な日々だった。

彼が初めてこの町に来たのは昭和20年（1945）の4月、つまりまだ戦争のさなかだった。妻である詩人・原條あき子の実家がここにあって、それを頼っての疎開。九州で生まれてもっぱら東京で育った彼にとっては北の地はよくも悪くも新鮮だったはずだ。

その夏、この地で彼ら夫婦にとって初めての子供が生まれた（つまり、ぼくだ）。

しかしこの小都会では職がない。終戦の後、9月に彼は仮の宿と思っていた帯広を出て東京から西日本まで広く職探しの旅をしたが、思わしい結

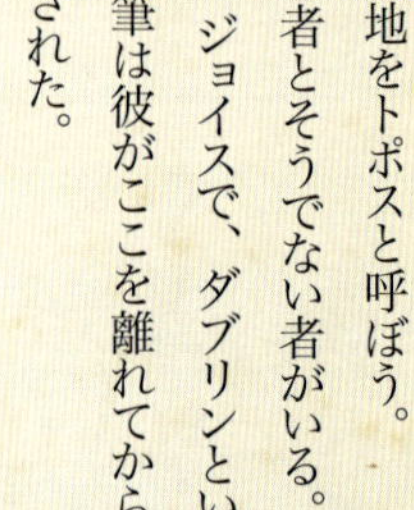

**福永《ふくなが》 武彦《たけひこ》**

1918年、福岡県生まれ。東京帝国大学文学部仏文科卒。1945年から翌年にかけて疎開のため帯広に移り住み、帯広中学校（当時）の英語教師の職に就く。1946年、処女作となる『塔』を発表するも、結核の発病で帰京。作家活動を続ける中、1952年に処女長編小説となる『風土』、1954年には長編小説『草の花』を発表し、作家としての地位を確立する。以後、学習院大学で教鞭を執る傍ら『廢市』『忘却の河』『海市』『夜の三部作』『死の島』など代表作を執筆。他に卓抜した鑑賞眼による文学・美術評論、巧緻な訳語によるフランス詩や日本の古典文学の翻訳、さらには探偵小説集など、多岐にわたる作品がある。1979年没。※写真は帯広時代の福永武彦

代表作『風土』『死の島』などで
知られる作家・福永武彦。
終戦間際からの
およそ1年間、
彼は帯広に疎開していた。
帯広とは、
福永武彦にとって
どんな場所だったのか——。
生誕100周年という
節目の今年、
長男の池澤夏樹が綴る。

果は得られず、翌年の1月にまた帯広に戻った。そしてここで幸いにも帯広中学（今の帯広柏葉高校）の英語の教師になることができた。

この僥倖によって親子3人ようやく人並みの暮らしができるようになった。幼い時に母を失った彼にとっては初めての家庭生活である。知的な会話ができる友人たちにも恵まれたし、この町の文学青年たちと語らって同人誌を出すこともできた。東京にいる昔の仲間との行き来も絶えておらず、中央からの執筆の依頼も少なくない。いずれは東京に帰るつもりだったにしても、とりあえずは充ち足りた日々。

しかし、1年と少しの後、彼は結核を発病した。療養所に入ったけれど、ここでは根本的な治療はできないと言われて東京の清瀬のサナトリウムに移った。以後、戻ったことはない。これが福永武彦にとっての実質的な帯広体験のほぼすべてである。

この体験から帯広を舞台とした話として、『心の中を流れる河』、『世界の終り』という二つの長めの短篇と、未完に終わった『夢の輪』という長篇が生まれた。これらの中で帯広は寂代《さびしろ》と名を変えて使われている。平仮名で4文字のうちの2文字が入れ替わって地名の印象はまるで違うものになる（ローマ字で書けば文字の入れ替えはもっと少ない）。ここは「寂しい」ところなのだ。文字を変えることで帯広は文学的なトポスになった。

淋しさ、悲しさ、生の孤独、愛の困難、死の不安……そういうテーマをこの作家は何度となく書いた。『草の花』は主人公の自死に近い手術志願で終わるし、『海市』のヒロインも孤独な死を選ぶ。『死の島』の終わりにも死が待っている。だから寂代を舞台とする話に登場する人々があまり幸福に見えないとしても、それは作家としての資質の故であって帯広のせいではない。だいたい彼らは誠実すぎる。

**草の花**

（昭和29年／1954）

失われた青春の物語で愛と孤独の主題が早くもみられる。同性間及び異性間の愛に共に挫折し、「僕は一人きりで死ぬだろう」と手術による自殺を選ぶ主人公。この頃から『死の島』の構想はあり、福永の芸術的思索は最後まで一貫していた。

**廢市《はいし》**

（昭和35年／1960）

「廢市」の「廢」は頽廃《たいはい》の「廢」でもある。書き割りとしての水の町を舞台に、通俗的な三角関係の結末を絶望的な愛と死として描く。没落という滅びに美学を感じさせる物語は、「水に浮いた灰色の棺」に入れられた孤独な魂の物語でもある。

## ――昭和21年(1946)の夏、彼は帯広で幸福だった。

『世界の終り』の語り手である女は少し精神に異常を来しているらしい。その自覚の不安がぜんたいを貫いている。どの作品でも冬の暗さと寒さが人々を苛むように書かれる。

「大体この寂代ぐらい、医者と薬屋の多いところを僕は見たことがない。これは風土のせいなんです。冬の期間が長く、それも零下二十度にも三十度にもなる厳寒地で、夏は重労働、冬はストーヴのある閉め切った部屋で過ごすんですから、健康には最も悪い土地でしょう」と『心の中を流れる河』の登場人物の一人、鳥海太郎は言う。

福永武彦は私小説を否定していた。自分の生活しか素材がないというのは作家として怠慢ないし無能の証明であるというモダニズムの矜持を保った。実際には自分の体験を用いた例もいくつかあるのだが、それを標榜はしなかった。

しかし、田口耕平によれば(『「草の花」の成立　福永武彦の履歴』翰林書房)、福永の寂代ものに登場する人々の多くにはモデルがいるという。『夢の輪』は群像劇だが、それぞれの背後に具体的な実在の人物の姿を透かし見ることができる。そんなことが可能だったのは彼らと作家の間に心地よい行き来があったからだ。そこで彼らをもとに作ったパペットを動かして運命の劇を展開することが可能になった。

先に引いたところでここが不健康な土地だと太郎に言わせたのは、作家自身がここで結核を得たからではないか。そういう形で彼は見聞きしたことや体験したことをいわば登場人物の上に引用する。私小説ではないけれども、私生活とまったく無縁でもない。

帯広で生まれたぼくにとっては、ここは間違いなく幸福の地だった。前記のような事情のために父と母はぼくが2歳3カ月の時に東京に去ったが、その後は祖父母と叔母に育てられてすくすくと育った。だから例えばこのようなことをぼくは書く――

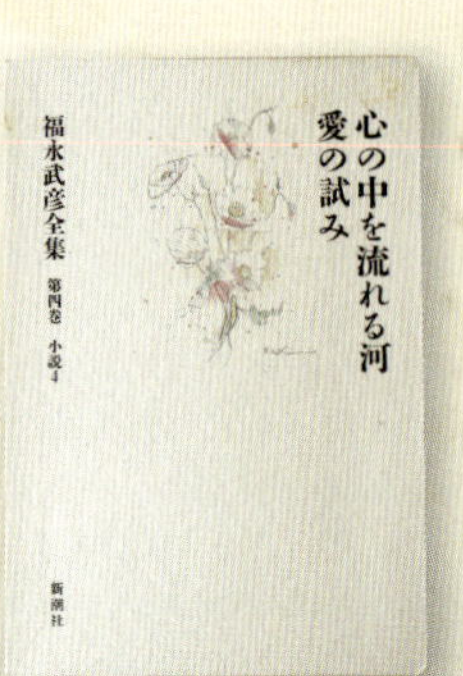


### 心の中を流れる河

(昭和33年／1958)

福永は「河」を「ながれてゆく心」としたが、同時に「乗り越えられぬもの」の象徴でもあろう。この寂しい町で彼の北方的感覚の深化が起きたのではないか。「みんな、どうにもならないことばかり」と記される本作品は、後に『夢の輪』となる。

### 夢の輪

(未完作、没後刊　昭和56年／1981)

戦争という外的死、病気という内的死を背景に、残酷な愛の諸相が繰り返し奏される「愛の不可能性」の物語。「希望が無ければ、従って幻滅もない」世界観が横溢し、次々に代わる登場人物の視点での輪舞曲となる鮮やかな手法で綴られている。

## 池澤 夏樹《いけざわ・なつき》

1945年、帯広市生まれ。作家、詩人。小学校以降は東京で育つ。多くの旅を重ね、3年をギリシャで、10年を沖縄で、5年をフランスで過ごし、現在は札幌市在住。1987年に『スティル・ライフ』で芥川賞。その後『マシアス・ギリの失脚』『花を運ぶ妹』『静かな大地』『キトラ・ボックス』、東日本大震災に関わる著作『春を恨んだりはしない』『双頭の船』などを発表。その他『池澤夏樹＝個人編集 世界文学全集』、『池澤夏樹＝個人編集 日本文学全集』（現在も刊行中）などがある。また、アンゲロプロス映画の字幕すべてを手掛けている。

帯広の春や秋はあまり覚えていないのに冬は明確に記憶にある。季節感がはっきりした土地だからか、夏もまた、一つの光景として残っている。病院の中庭の、テニスコートの脇あたり。クローバーの花が咲いていて、時間は夕方。ぼくは年上の女の子に言われて四つ葉を探している。あるいは、花をたくさん集めて花の腕輪を作ってもらっている。草むらに転がった時の、あのクローバーの花の匂い。夕方の斜めの陽光。あれが帯広の夏だった（「おびひろ1950」）。

福永武彦にも夏の記憶はあったはずだ。

「六月になってリラが白や薄紫の花を咲かせる頃に、ここの道を歩き廻ると花の匂がたまらなく心をそそる」というあたりはその表れだろう（これも『心の中を流れる河』）。

昭和21年（1946）の夏、彼は帯広で幸福だった。それはかつて彼が知ったことがなく、翌年の夏以降には二度と体験することがないままに終わった家族の幸福、妻と子供と3人の充ち足りた日々というものだった。

彼がどんな形にせよこれを作品の中で書いたことはない。それを禁じる事情が彼の後半生にはあった。

だが、彼がこの日々を忘れたはずはない、とぼくは思っている。「お月さま、おいで、おいで／あんにょ、あんにょ、して、おいで、おいで／飛んで、おいで、おいで／もーちゅぐ　まんま　よー」という2歳のぼくが口にした詩を父は手帖に記した。

『海市』の最後でヒロインをそっと死の方に促すのは、恋の相手である男の子供が急病になるという不測の事態だった。男はそこで恋人ではなく幼い息子のところへ急行することを選んだ。この場面に福永の帯広の記憶を重ねるのは、愛された子供であるぼくの身に引き付けた深すぎる読みだろうか。

### 死の島

（昭和46年／1971）

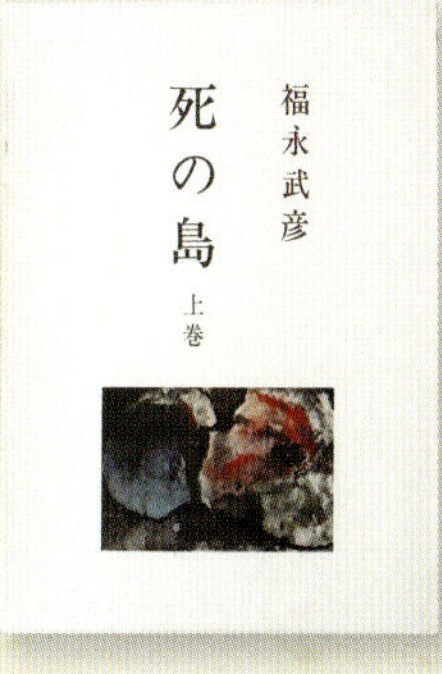


実験的な作風ではあるが、複雑な構成を一気に読ませる力を持った日本文学の真の金字塔。芸術論を援用しながら、生と死の意味などを深く洞察しつつ展開していく。結末まで読んだもののみに与えられる至福の文学的達成感は何物にも代え難い。

### 海市

（昭和43年／1968）

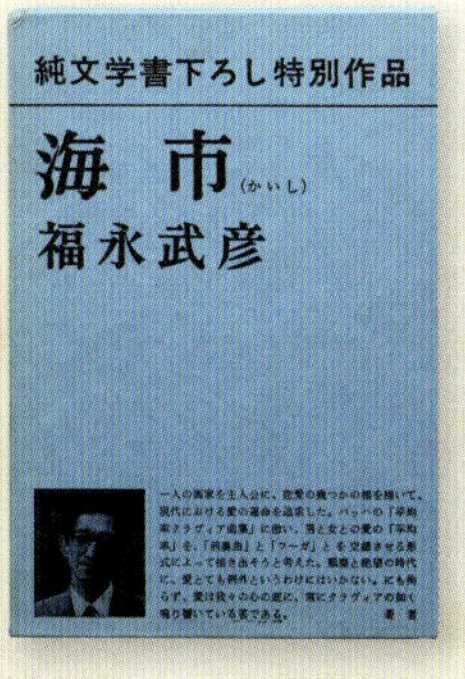


海市とは蜃気楼のこと。エピグラフの「心ニ知ル見ル所ハ皆幻影ナリ」は、この小説の「愛」の象徴である。死への対峙の仕方で人間を3分類し、同時にそのことが「愛の幾つかの相を描いて、現代における愛の運命を追求する」ことに到達した傑作。

紹介の建物は原則、内部非公開です。

# 帯広 百年建築を訪ねて

文・写真／三宅理一

明治〜昭和初期に建てられた貴重な建築がところどころに残されている町・帯広。往時の建築家や技師たちの気概と時代の空気を感じさせる歴史的遺産を訪ね、建築史家・三宅理一が旅をする。

## 北方圏の異国に通じる、自然情緒あふれる町

札幌の大学で教えていると、北海道各地からの学生がおのずと集まってくる。大学の付属校があるので旭川からの学生は目につくのだが、それ以外であれば、帯広出身者の存在は結構大きいものがある。

そこで学生に尋ねてみる。「帯広って、何の町だっけ?」。すると一番多い答えが「水と緑の町!」。それ以外には「スケート」「酪農」「六花亭」といったものが並び、どれも帯広のある面を言い当てている。言い換えれば、空気がきれいで食文化が根付いた環境都市。

北海道の町はどこもきれいな川が流れている。といっても、年配者に聞


**三宅 理一** みやげ・りいち

1948年東京生まれ。東京大学工学部建築学科、パリ・エコール・デ・ボザール卒業。工学博士。リエージュ大学客員教授、慶應義塾大学教授、パリ国立工芸院教授、藤女子大学副学長などを経て、現在は東京理科大学客員教授。建築史、地域計画、遺産学を専攻。フランス政府より学術功労勲章オフィシエ等級を授かる。『世紀末建築』(講談社)、『パリのグランドデザイン』(中公新書)など著書多数。

くと、数十年前までは、排水が流れ込み、岸も汚れていて、川沿いなんて住むところではなかったという反応が返ってくる。確かにそうだった。長らく北海道をあけていると昔のことは忘れてしまうもので、思い返してみると昔は環境のことなど、町の誰も話題にしなかった。それが今では打って変わって北海道はすっかり世界の環境モデルになっているというのだから、驚いたものだ。

そんなことを頭に入れて帯広に足を運ぶ。昔であれば狩勝峠の険しい山道を抜けて初めて十勝平野に足を踏み込むこととなるのだが、今やトマムなどのリゾート地が山間に点在し、ほどほどに都会の香りを味わいながらこの町に近づくことができる点が良い。暗く重苦しい開拓地といった昔のイメージなどすっかり消え失せ、カラフルで賑やかな外国人集団と乗り合わせながら、十勝の四季を楽しむのである。

聞くところによると、昨今の中国・台湾などの観光客は、帯広ルートに目をつけ、飛行機で帯広に入ってそこから大雪山を周回し、富良野方面に出るコースを好むようになったという。庭園さながらに緑のパッチワークを描く山間の景色は今や世界の財産となってきたようだ。

むろん、軽やかで心躍る町だからといって帯広に大都市の賑わいを期待してはいけない。人口約17万人、北海道では6番目に大きな都市だとはいえ、超高層があるわけでも、専用のコンサートホールがあるわけでもない、隙間があちこち空いた平坦な街並みが続き、そのあたりは凡庸で緊張感がないといってもよい。その隙間感が、いわゆる歯抜けのシャッター街とは異なった北海道独特の間合いの取り方であるのが、町の中を歩いているうちにわかってくる。強いて言えば、自然情緒が豊かで、おのずから心が軽くなる町。北方圏の町に多く、北欧やカナダの町に似ている。町の中心でもイタヤカエデやナナカマドといった北国に特有の樹種が空に向かって大きく枝を広げている。幅広の道いっぱいに円弧を描く濃緑のアーチとでもいうべきか。

## 数奇な運命をたどった真鍋庭園の真正閣

帯広で緑の風景を象徴するものといえば、町の南に位置する『真鍋庭園』であろう。札内川を背後に控えた100haほどの庭園で、元は明治半ばに香川県から入植した真鍋家が家業の造園業のために開いた庭木生産のための園場であり、50年ほど前から一般公開をするようになったという。北海道と聞いて連想する、人の手の入らない原生林のイメージとは裏腹に、造園の枠を尽くし、異なった色調の高木や低木を巧みに配置した大がかりなコニファー（針葉樹）庭園として知られている。

背の高いエゾマツやトドマツの樹林が造成され、やや灰色がかった円錐形のコロラドトウヒや陽光に紅葉が映

庭に面した縁側。軒の高い和風建築で屋根は入母屋造りである。

10畳、8畳の続き間の座敷に4畳半の茶室が。銘木も各所に使用。

### 真鍋庭園　真《しん》正《しょう》閣《かく》

所在地／帯広市稲田町東2-6
（真鍋庭園の詳細は087ページ参照）
建築年／明治44年（1911）
構造／木造平屋

MAP P061

※写真は真鍋庭園提供

大胆な開口部の上部に施された櫛形3連アーチや丸窓のデザインが美しい。

えるカエデが、そこかしこに挿入された光景はいかにもヨーロッパ的で、富良野や美瑛に通じる色彩風景をコンパクトにまとめたものといっても良い。

この真鍋庭園の中程に典型的な和風の建物がある。『真正閣』、明治44年（1911）に皇太子（後の大正天皇）がこの地に行啓した際、建設された「御便殿」すなわち休憩所を移したものだ。こぢんまりとした二間続きの休憩所とはいっても、世が世であれば畏れ多くもやんごとなき御殿なのである。戦後になって公民館として用いられた末に廃棄処分となりかけた際に、時の真鍋家の当主が買い取って移築復原したという経緯がある。その結果、ヨーロッパ式の広々とした風景庭園の中に京都風の回遊式庭園が造り込まれ、茶室と一体となった和の空間が生み出されている。茶人が好む数寄屋ではなく、骨太の書院風の意匠となっているのが少々気になった。

## 帯広の史実を伝える煉瓦造の建築

帯広に明治の建築はあまり残って

瓦屋根、フランス積み工法で建設、入口部は凝ったデザインに。

### 十勝監獄石油庫
（旧北海道集治監十勝分監油庫）

所在地／帯広市緑ヶ丘公園（東口）
建築年／明治33年（1900）
構造／煉瓦造平屋
帯広市指定有形文化財（建造物）

MAP P060

※写真は帯広市提供

瓦屋根、土蔵造と和の意匠が卓越し、うだつなど当時の姿も残す。

### 旧岩野商店

所在地／帯広市東1条南5丁目
建築年／大正2年（1913）
構造／土蔵造2階建

MAP P060

煉瓦積みおよび丸窓詳細。デザインのアクセントは焼過煉瓦。

## 旧三井金物店
（現・六花亭サロンKyu）

所在地／帯広市大通南5丁目
建築年／大正元年（1912）
構造／煉瓦造平屋

MAP P060

側面に十字状の浮き出しにしたシンプルながらも手の込んだ装飾。

いない。明治の帯広といえば、ややネガティブではあるが、十勝監獄の存在を抜いては語れない。膨れあがった道内の受刑者を分散配置して開拓の用に供すため、北海道集治監十勝分監の名で明治28年（1895）に発足する。やがて独立した監獄として無骨な構えを周囲に晒し、多い時で1300人を収容した。戦後も帯広刑務所と名を換えて続いたが、昭和51年（1976）になって刑務所が移転し、跡地は都市公園として整備されたので、遺構はほとんど残っていない。わずかに獄内で用いる灯油のための『石油庫』が往年の記憶を伝えるために取り壊しを免れ、これが帯広最古の煉瓦造建築だという。明治33年（1900）の建造、小さいながらも細部の意匠に凝った建築である。

　明治の半ばの帯広といえば、基幹施設としての監獄に対して、その横に構える町の人口は高々数百人規模で、城下町ならぬ「監獄町」の風情を醸していた。何とも奇妙な町のあり方であるが、明治30年代半ばに入ってようやく人口が受刑者数を超え、大

煉瓦と石による紅白のラインと社名ロゴ周囲の青いタイルが特徴的。

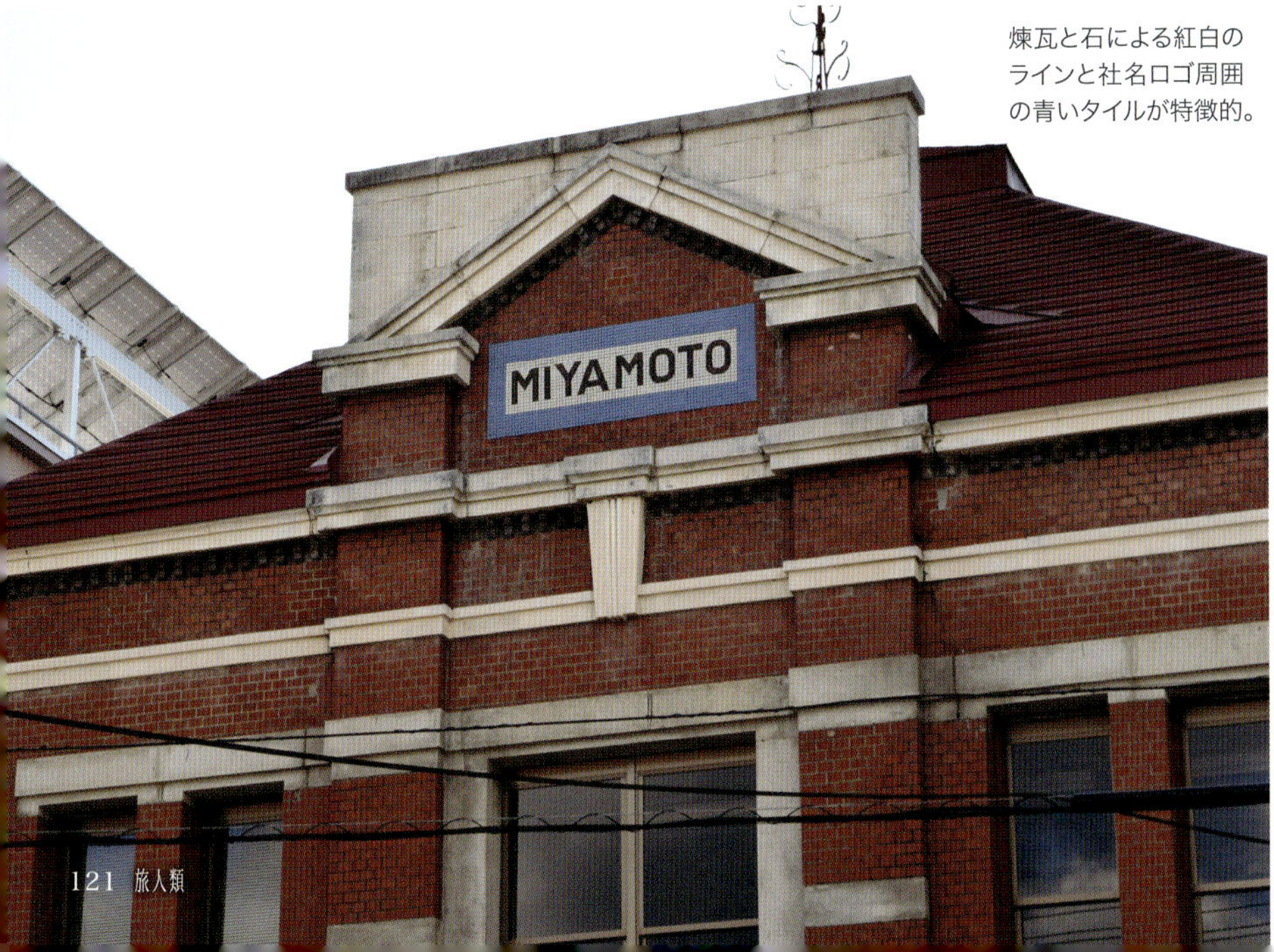


## 宮本商産旧本社ビル

所在地／帯広市西2条南5丁目
建築年／大正8年（1919）
構造／煉瓦造2階建
国登録有形文化財（建造物）

MAP P060

東京駅のデザインとも通じる英国風のスタイルが全面に。

写真右部煉瓦造平屋部分は、かつての浴場部分である。

上部円形ペディメントの旧字の「櫻」と花びら装飾が時代色を。

## 桜湯（廃業）

所在地／帯広市東2条南6丁目
建築年／昭和7年(1932)
構造／木造2階建・煉瓦造平屋
MAP P060

正面大柱の均等な配置、平石積みの腰壁で重厚感あふれる銀行建築。

張り出した円形の玄関、2階部分の縦長窓などのバランスが秀逸。

正期に入ると人口も経済規模も一気に拡大する。繁栄期の訪れであり、民間ベースで質の高い建築を続々と造るようになった。町の中心部に残る歴史的建造物は、いずれもこの時代の産物である。町の北側の通称「電信通り」に多く固まっているのは、このあたりが当時の中堅企業が集まって店の構えを競った名残だろう。帯広で初めて電信柱が建ったというのがその名の始まりだというから、電気が通ったのがよほど嬉しかったに違いない。

現在は六花亭の施設に転用されている煉瓦造の『旧三井金物店』もその一画にある。十勝監獄製の煉瓦で造られたと聞くと、受刑者たちの労役が眼に浮かび、美しいというには少なからず躊躇する。それでも重厚な造りの中に装飾的なアーチや窓のしつらえが施され、その職人芸的な煉瓦の扱いを見ていると、その頃帯広に集まった棟梁や煉瓦職人たちの心意気がじかに伝わってくる。以前は背後の敷地に三井家の邸宅が建っていて、それを取り囲んで造られた煉瓦壁ともども帯広の古式を伝えるランドマークというにふさわしい。

煉瓦造といえば、やや英国風の意匠をまとった『宮本商産旧本社ビル』などが目につくが、きわめつけは『桜湯』、銭湯である（すでに廃業）。表の入口は洋館仕立ての木造二階家だが、背後の浴場部分は煉瓦でがっしりと固めている。棟梁、左官、板金師などが競って技を見せ、市井の一建築に過ぎないはずが、勢い余って温泉顔負けの折衷デザインにたどり着いた点が面白い。

## 類を見ない個性的建築『旧双葉幼稚園園舎』

帯広の近代建築のハイライトは『旧双葉幼稚園園舎』である（平成25年に閉園）。公会堂でも博物館でもなく一介の幼稚園が町のシンボル的存在になっているというと、一瞬戸惑うかもしれないが、それほどまでに造りこまれた建築なのである。時は大正11年（1922）、関東大震災の1年前だが、日本聖公会によって町の

## 旧双葉幼稚園園舎

所在地／帯広市東4条南10丁目
建築年／大正11年（1922）
構造／木造平屋
国指定重要文化財（建造物） MAP P060

双葉幼稚園を象徴する木造ドーム。遊戯室への採光のための窓が。

遊戯室に接続する保育室のベランダ部。広い庭に向かっての開放。

ドーム型天井を持つ屋内遊戯室。子供の創造的な活動への配慮が見て取れる。
（注／通常は建物内部に入れません）

竣工当時の写真。当時の帯広ではかなりメルヘンチックな外観。

## 十勝信用組合本店

➔
所在地／帯広市大通南9丁目
建築年／昭和8年（1933）
構造／鉄筋コンクリート造2階建
MAP P060

東側に大胆なデザインの園舎が建設される。聖公会といえば立教大学や聖路加国際病院を運営するイギリス系のキリスト教会派であるが、北海道での活動もめざましい。この地に派遣された伝道師・大井浅吉が明治末年に帯広初の幼稚園を設立したのが始まりで、園児数の急増にともなってより大きな園舎が必要となった。そこで用地を物色した結果、町の東側に造成された宅地ゾーンに目をつけた。他の都市にはない斜めの防火帯が走っているのが特徴で、その不整形な土地を道庁から宅地払下げのかたちで取得したのが今日の敷地である。

園舎を目立たせているのは赤い屋根の八角形ドームである。正方形の中に八角形平面の遊戯室をつくり、それを覆うかたちで木造ドームを高く立ち上げている。そもそも幼稚園自体が日本の教育界では新しい試みであったが、さらに意表を突くデザインでその存在感を強めている。これまでの研究によると設計は園長の臼田梅みずからが行ったとされる。建築のプロではないが、幼児教育に独自の哲学を吹き込んだフレーベルの思想に感化され、ひとつのまとまった空間に子供の行為を凝縮した結果がこの建築なのである。

文明開化とともに日本にはさまざまな洋風の学校建築が登場したが、こと幼稚園建築となると、おそらく双葉幼稚園の右に出るものはないだろう。帯広の静かな街並みの中に溶け込んで、全国的にはあまり知られてこなかったが、多くの人たちがこの建築を守り大切に用いてきた。こうした努力の甲斐あって、昨年夏に帯広初の国の重要文化財（建造物）に指定された。

帯広の歴史はまだ百数十年にしか過ぎないが、戦後経済のアップダウンが激しいこともあって、多くの古き良き遺産が消えてしまった。それでも大正・昭和の繁栄の記憶が街並みの随所に留まっていて、不思議なレトロ空間を発見するのはそう難しくない。帯広に身を移して、ゆっくりと街歩きをしてみるのも悪くはないものだ。

見えないところまで見える鳥瞰図

# 吉田初三郎が描いた日高・十勝

寺谷 亮司

てらや・りょうじ

1960年生まれ、小樽市出身。愛媛大学社会共創学部教授・地域創成研究センター長。理学博士。専門は北海道の都市と交通の形成論をはじめ、アジア・南アフリカ地域論、日本・世界の酒と盛り場論、まちづくりの研究など多岐にわたる。

吉田初三郎《よしだはつさぶろう》（明治17年〜昭和30年）は
大正期から昭和にかけて、3,000枚以上の鳥瞰図《ちょうかんず》を描いた。
鳥の眼の高さから広大な地域を把握し、空間の魅力を表現する
彼独自の鳥瞰図は、新開地・北海道の当時の姿を生き生きと描いている。

鳥瞰図画像提供／総合技研株式会社

## 手前三方を海、背後に山の都市鳥瞰図

地図の機能には、①正確さ、②使いやすさ、③美しさがある。国土地理院発行の地形図は①、地下鉄路線図は②がその主たる機能である。

吉田初三郎の鳥瞰図は、地域が誇る名所や見えないはずの遠くの地点が、大胆な構図と色彩で描かれたデフォルメ地図であり、②そして③の機能を兼ね備えている。

初三郎図を見ると、通常の地図では不可能ともいえる広大な地域全体の姿や地域間関係を把握し、地元の著名な事物や貴重な地域資源を図絵で確認できる。初三郎図は、まちづくりでは基本的なグローカル(glocal, グローバル+ローカル)視点に立脚した地元のお宝マップである。

昭和20年代の日高門別と帯広の下記地図は構図がほぼ同様である。初三郎は、「手前三方を海、背後に山」とする都市図を数多く描いており、これは中国の風水思想に基づく都市の最適立地の風貌図と合致する。

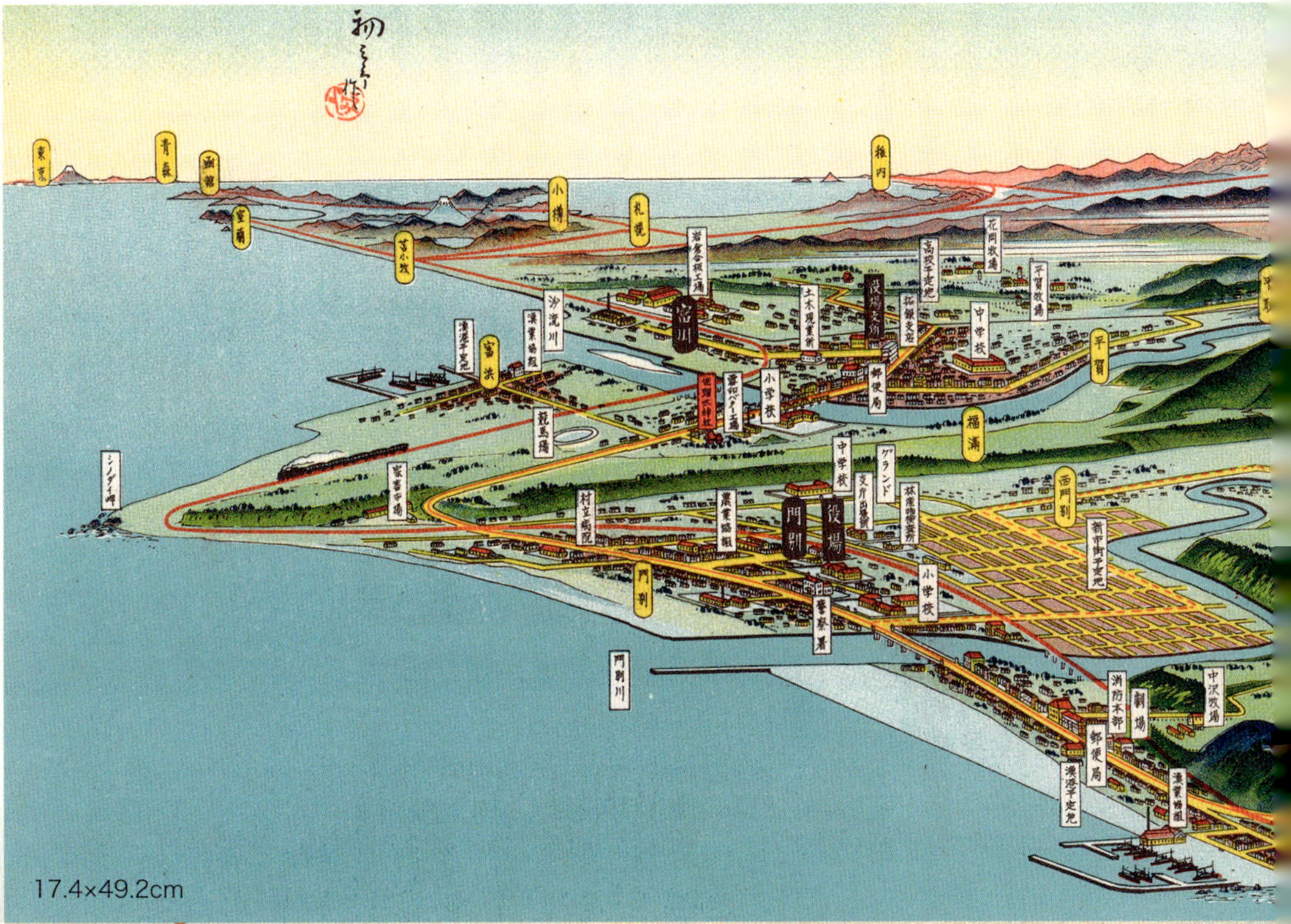

**日高門別鳥瞰図(部分)**

吉田初三郎画(観光社/昭和26年)

17.4×49.2cm

**帯広鳥瞰図(部分)**

吉田初三郎画(観光社/昭和27年)

18.3×51.5cm

## 日高・軽種馬産地の地形がよく分かる鳥瞰図

日高地方は、南北に連なる日高山脈から20以上の河川が南西方向に並行して流れ、河口付近にごく狭小な平野を形成する地勢である。このため、日高全体の中心となるような都市は立地できず、北から富川、門別、厚賀、新冠、静内、三石、浦河、様似の沿岸集落が点在する。

日高門別鳥瞰図は、日高地方最西部の沙流川河口の富川から厚別川河口の厚賀までの旧門別町地区をクローズアップする。同地区は、平成18年（2006）3月に門別町と日高町の合併によって日高町の一部となり、町域には平取町を間に挟む広大な遠い飛び地が生まれた。

本図の背後の山々を見ると、羊蹄山、大雪山、噴煙付き十勝岳の道内名山に加え、初三郎が好んで地図に描いた富士山が描き込まれている。

急傾斜の山々と河岸段丘崖は青・緑色、なだらかな河岸段丘面は黄緑色に塗り分けられ、地形の判読が容

# 競馬場に牧場、優駿の郷の礎はすでに築かれていた。

易である。河岸段丘面には旭ヶ丘(旭町)の大沢・中沢・松岡牧場、賀張の三輪・佐々木・丸竹牧場などの牧場、富川東（旧地名：佐瑠太）に競馬場や家畜市場が立地し、軽種馬産地であることが知れる。平成9年（1997）には、富岡西（沙流川右岸）に門別競馬場が開場した。

他の産業関連施設では、富川西の岩倉合板工場、門別の林産物検査所、厚賀の木工場、富川東の雪印バター工場、門別と厚賀の漁業協組などが見られ、主産業は当時より農林水産業とその加工業である。

図中の開発予定地では、富浜と門別の漁港は完成したが、門別の新市街予定地の市街拡大は実現を見ていない。当時と現在の最大の変化は、平成9年（1997）に沙流川中流域に完成した巨大な二風谷ダムとダム湖の誕生だろう。また、苫小牧を起点とする日高自動道が現在建設・延伸中であり、平成18年（2006）に日高富川IC(平賀地区に開設)、平成24年（2012）に日高門別ICまでの区間が開通した。

「日高門別鳥瞰図」(P124・125上)の主要部分を拡大

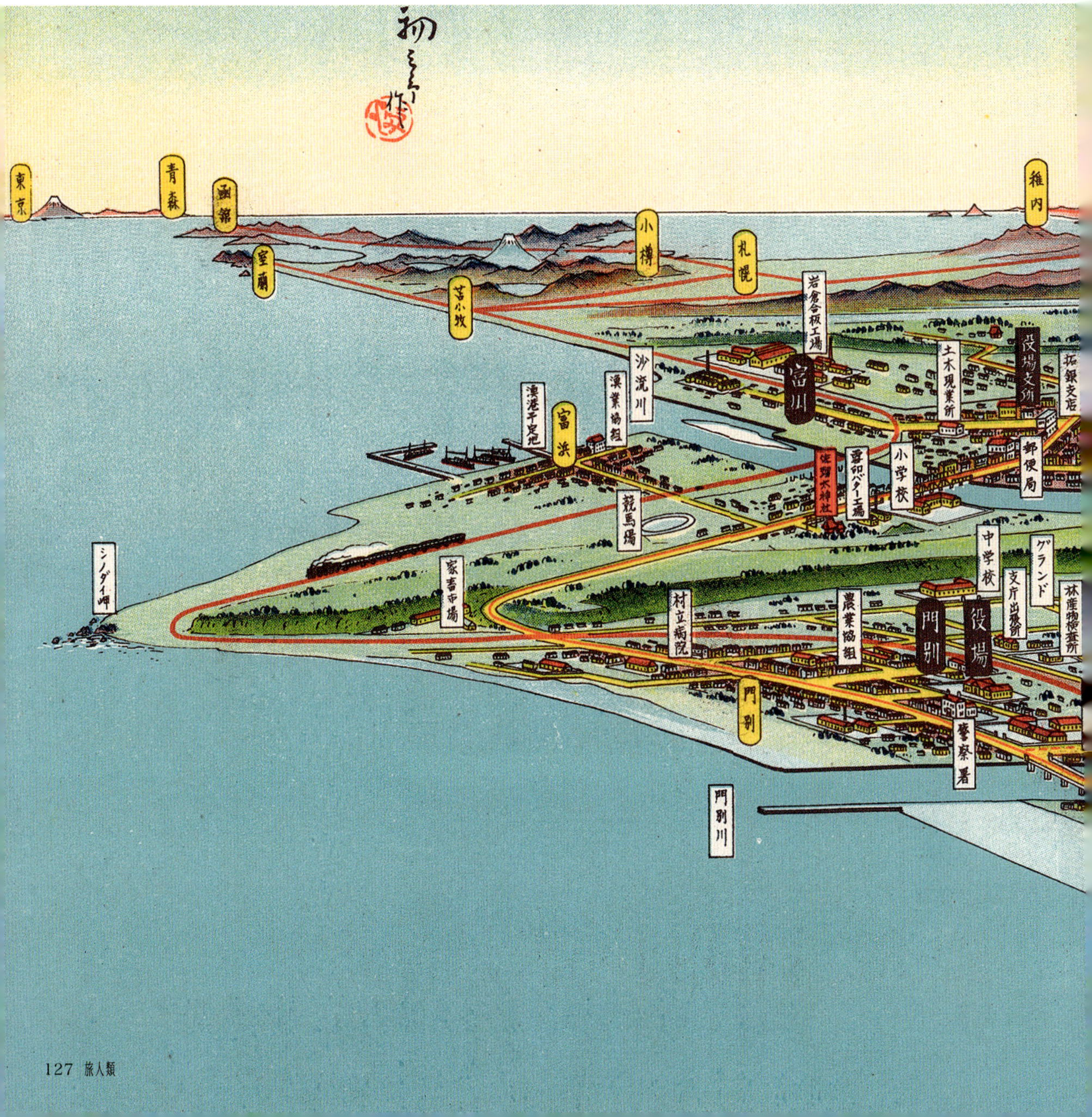

# 帯広の都市成立史と農産加工業が知れる鳥瞰図

十勝地域は西に日高山脈、北に大雪・阿寒山系、東は白糠丘陵に囲まれ、閉鎖的なまとまりをもつ。十勝平野は東西60㎞、南北100㎞に及び、小麦・ジャガイモ・豆類・甜菜の主要作物の他、酪農や牧畜も盛んな大規模先進農業地域である。その中心かつ唯一の都市が帯広であり、農村中心都市の典型である。帯広駅北側に拡がる都心地区には、藤丸・はとやデパート、銀行（日銀・勧銀・拓銀・道銀）、諸官庁などの白色施設名札が林立する。

初三郎は、国立公園などの重要な広域景勝地の名称札には赤色を配して強調した。本図を見ると市街周縁に四つの赤札施設が確認できる。市街東北端の「水光園」付近は、帯広川が十勝川へ合流し、依田勉三が明治16年（1883）に入植した帯広の開拓発祥地である。南西端の「緑ヶ丘公園」は北海道集治監十勝分監の跡地である。同監は市街計画に

## 工場が群化していた終戦直後期の十勝の王都・帯広。

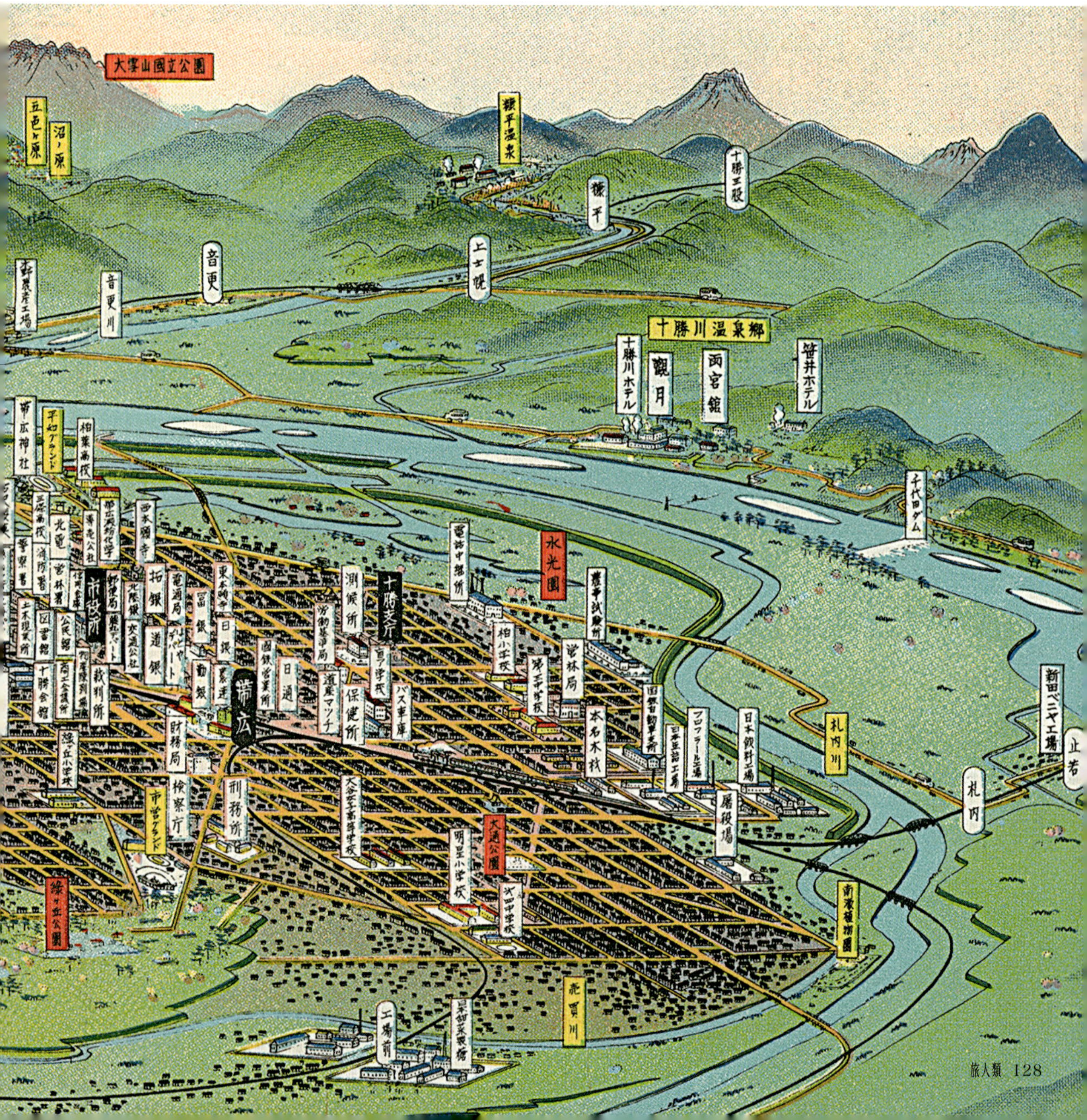

先立ち設置場所が決定し、職員・受刑者約1600人による明治28年（1895）の開庁は帯広の本格的な開発の契機となった。「大通公園」からは直交道路に斜交する対角線状の火防道路が設営され、帯広独自の珍しい道路プランが確認できる。市街西端の「競馬場」では、日本唯一となった、ばんえい競馬が現在も開催されている。市街周縁にはこの他、農事試験所、家畜市場、家畜診療所、畜産共進会場、畜産大学、農業高校などの農業関連施設が見られる。

工場では、本図手前に大正9年（1920）創業の日本甜菜製糖工場が立地し、同工場から原料運搬のため、工場と農村、帯広駅を結んだ十勝鉄道の路線が伸びている。さらに北海油脂（大豆で油脂製造）、宮本醸造（味噌・醤油）、日本缶詰工場（スイートコーン・アスパラガス缶詰）、亜麻工場、雪印乳業、帯広澱粉化学など、終戦直後期の帯広には農産加工場が群化しており、のちの農業王国誕生を予見させる光景を、初三郎は細やかに描き出していたのである。

「帯広鳥瞰図」（P124・125下）の主要部分を拡大

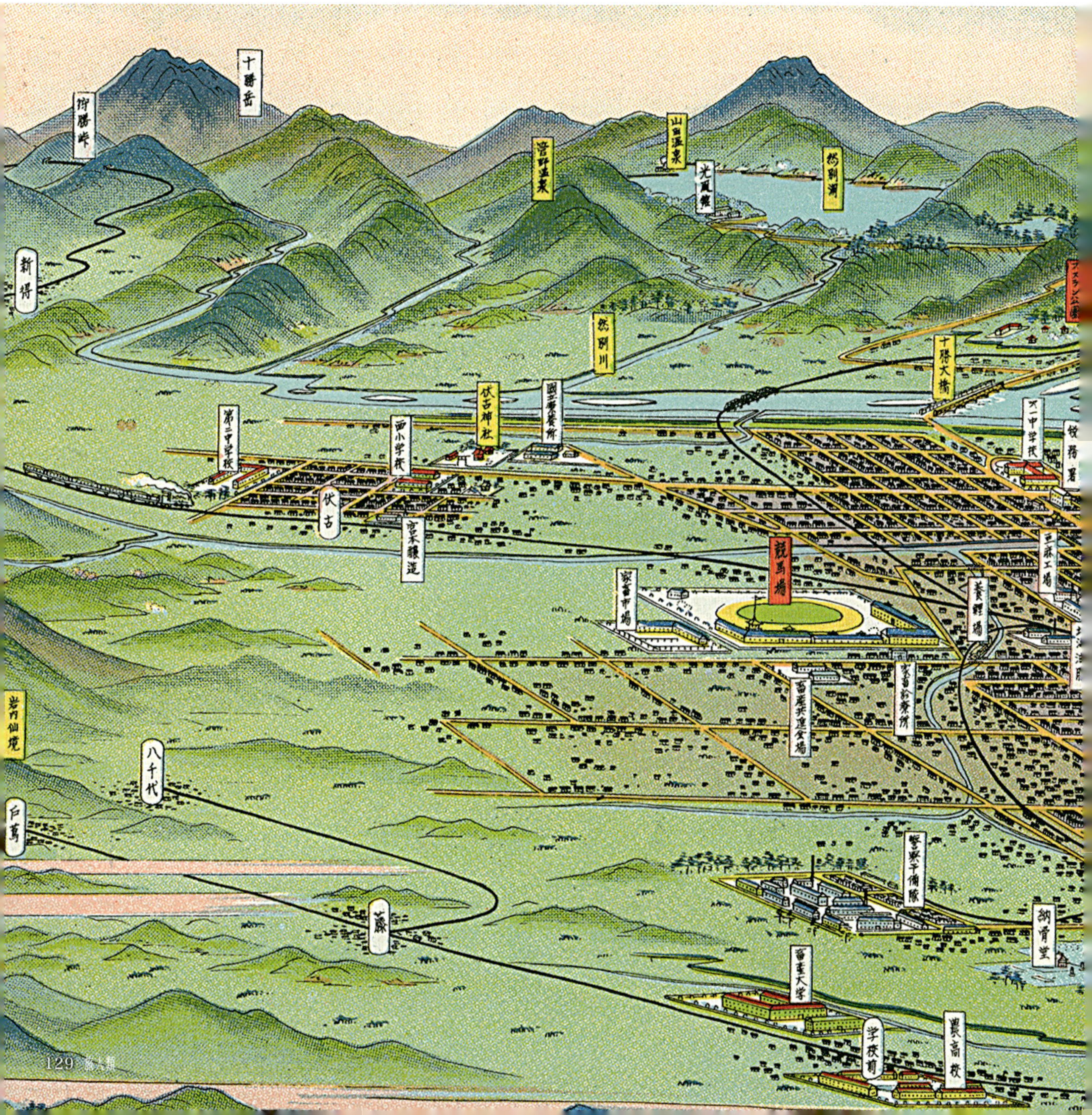

克服するまでの道のり

日勝峠の第1展望台から望む、雄大な十勝平野の眺望。

# 蘇ったパノラマビュー

—台風被害と復旧—

## 台風被害で寸断された国道274号日勝峠 復旧のドラマ

道央と道東を結ぶ国道274号は、人の移動や物資の輸送、さらには観光に欠かせない大動脈。その幹線道路が日高山脈を越える位置に日勝峠《にっしょう》（標高1022m）があり、十勝平野を望む展望台は多くの観光客が立ち寄る人気のスポットだ。

そんな日勝峠が通行止めになったのは、平成28年（2016）8月下旬のこと。北海道を襲った連続台風の豪雨で道路が寸断され、峠の前後43kmが通行できなくなってしまったのだ。

復旧には数年かかるといわれたほどの被災状況だったが、短期間での驚異的な復旧を実現した工事の裏側に迫ってみた。

復旧に向けての現地調査は、被災当日の8月31日に早くもスタートす

### で崩落した土砂は合計12万㎥に及んだ…

◆ 被災状況（7合目）

帯広側日勝峠7合目の被災状況全景。盛土が崩落した。

◆ 被災状況（千呂露《ちろろ》橋）

日高町千呂露橋の被災状況。激流で橋台が倒れ落橋した。

# 甚大な被災状況を

帯広側日勝峠７合目の被災直後の状況。

る。しかし、道路は崩れ、橋が流失した箇所も多いことから、現場では徒歩や自転車で移動を行い、ゴムボートで川を渡るなどして被災状況を把握したという。

また、原始林に覆われた峠の周辺は、ヒグマの生息地。足跡のみならず目撃情報もあったことから、ハンター同伴で現地に入るなど、まさに命懸けの調査だった。

7・8合目

## 日勝峠の広範囲で大規模崩落が発生

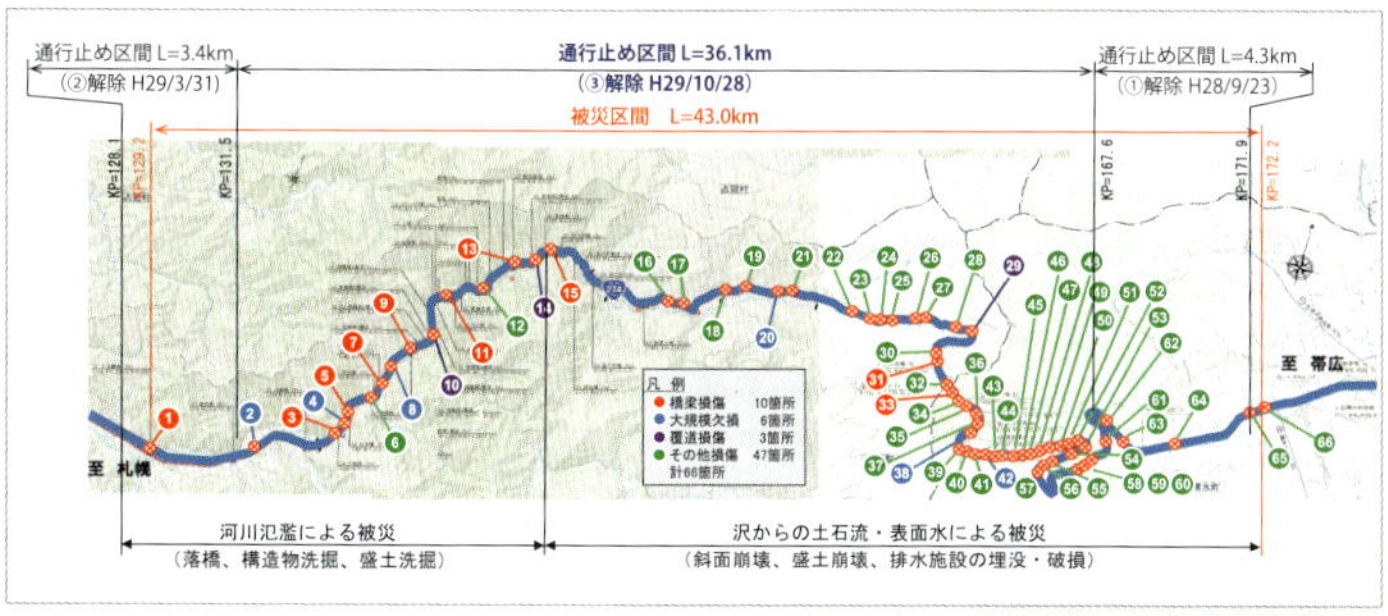


被災 MAP

日高町と清水町に跨る日勝峠の通行止め区間は、最大で日高町千《ち》栄《さか》～清水町清水の43.0kmに及んだ。橋が流されるなど橋梁の損傷が10カ所、覆道の損傷が3カ所、道路本体の大規模な欠損が6カ所など、被災箇所は合計66カ所に上った。

◆ 現地調査（ヒグマの足跡）

徒歩での調査中、ヒグマの足跡に遭遇したことも。

◆ 被災状況（8合目）

被災直後の帯広側日勝峠8合目。写真上が札幌方面。

帯広側日勝峠7合目の土砂流失部分で進む盛土工事。土砂を運ぶダンプトラックがひっきりなしに行き交う。

## 多くの人々の努力で、予想を上回る短期間での復旧を実現

現地調査で判明した被災状況は、これまでに見たこともないほど大規模なもので、特に帯広側の日勝峠7合目、8合目の道路では、深刻な盛土の崩落が発生していた。

未曾有の豪雨によって生じた土石流により、既存の排水施設（道路の地下を横断する排水管）が詰まった結果、水があふれ出し、地盤を激しく浸食したことが、盛土が崩れてしまった原因になったという。

流失した土砂の量は、7合目で9万㎥、8合目で3万㎥に達することが分かった。10トンダンプトラック1台の積載量が5㎥ほどなので、12万㎥を埋めるためには、実に2万4000台分の土砂が必要となるのだ。

この7、8合目の復旧が、日勝峠早期開通のカギを握っていた。しかし、現場には土石流で運ばれた大きな岩が至るところに残り、重機や人の行く手を阻んでいたことから、工事は非常に難航する。

復旧までの期間を短縮するため、工事は昼夜を問わず24時間体制で続けられた。さらに、複数の工区において同時に作業が進められるように

### 数字で見る 日勝峠復旧トリビア

**1 200→30**

ドローンによる空中写真撮影や、ヘリで撮影したビデオ映像を、画像処理技術によって連続モザイク写真化するなど、ICT（情報・通信技術）をフル活用し、被害の全貌を短期間で把握。また、レーザー測量技術を使って現地測量作業を効率化し、従来の方法では約200日かかるところを、約30日に短縮。

帯広側日勝峠8合目で行われる盛土と防雪柵基礎設置工事の様子。

上空から撮影した帯広側日勝峠8合目の被災状況全景。

被災状況の調査は自転車やゴムボートを使って行った。

## 同じ規模の豪雨にも耐えられる工法を採用

配慮し、ダンプトラックが不足しないよう作業量を平準化するなど、関係者一丸となって複雑な工程を管理。作業の効率化を徹底して行うことに。

同時に、大規模な崩落を大量の土砂で盛土復旧することから、その安定性を高めるため「基盤排水層」などを採用。これにより浸透水を排出することで、盛土を安定させる機能を持たせた。また、盛土に使う土砂を慎重に検討し、より良質な材料を追求。今回と同規模の豪雨に再び見舞われても崩れないだけの、より強い耐久性を目指した。

こうした工事関係者の奮闘によって、通行止めから早くも約1年2カ月後の平成29年（2017）10月28日、ついに日勝峠は復旧の日を迎えた。当初は一部を片側交互通行で復旧する案も考えられたが、工事に携わった延べ9万5708人（同時点）もの関係者の尽力により、全線対面通行での通行止め解除が実現したのである。

今年の観光シーズン、日勝峠を通りかかった時は、この道を台風の被害から復活させた人々の存在に、少しだけ思いを馳せてみてほしい。

**2　18147**

急ピッチで復旧工事が進められた現場では、作業がピークに達した平成29年7月の1カ月だけで、1万8147人もの入場者数を記録した。

**3　270**

通行止め解除の日、室蘭側と帯広側にある通行止めゲート付近の国道には、開通を心待ちにする乗用車やトラックなどの車列が、室蘭側・帯広側合わせて270台以上連なった。

資料提供／国土交通省北海道開発局

# 久住昌之×和泉晴紀

## 声が出る北海道、道東の旅

**大人気グルメ漫画『食の軍師』の著者・泉昌之（原作・久住昌之×画・和泉晴紀のコンビ名）による本誌連載・北海道弾丸旅も、今回が3度目。平成29年（2017）9月、激烈に多忙な二人がやってきたのは、秋風の吹き始めた、北方領土を目の前にする道東であった――。**

取材・文／久住昌之
イラスト／和泉晴紀

### 大パノラマに小さな秘湯。旅はのっけから絶叫系

今回は道東に行った。道東で行ったことがあるのは、釧路に一度だけだ。今回はもっと東に行く。羽田から飛行機で一気に根室中標津空港に降り立つ。小さな空港だ。小さな空港大好き。

待ち受けていた編集者の車に乗って、中標津の『開陽台』というところに向かう。青空半分雲半分という天気だ。なだらかな小山の階段を上って行くと…スゴイ！

「うっわー！」と思わず声が出た。風景を見て声が出たのは久しぶり。北海道在住の編集者たちも、下見でここに来た時、声が出たそうだ。

これは、声出る。出さずにすまぬ。

まさに360度のパノラマ、ザッツ北海道。広い、広い、全方位に緑の丘、山、森、牧場。よーく見ると遠くの丘陵にゴマを振ったように小さく牛たちが見えた。

最初に行ったのがこういう場所だと、気分が盛り上がる。また車に乗

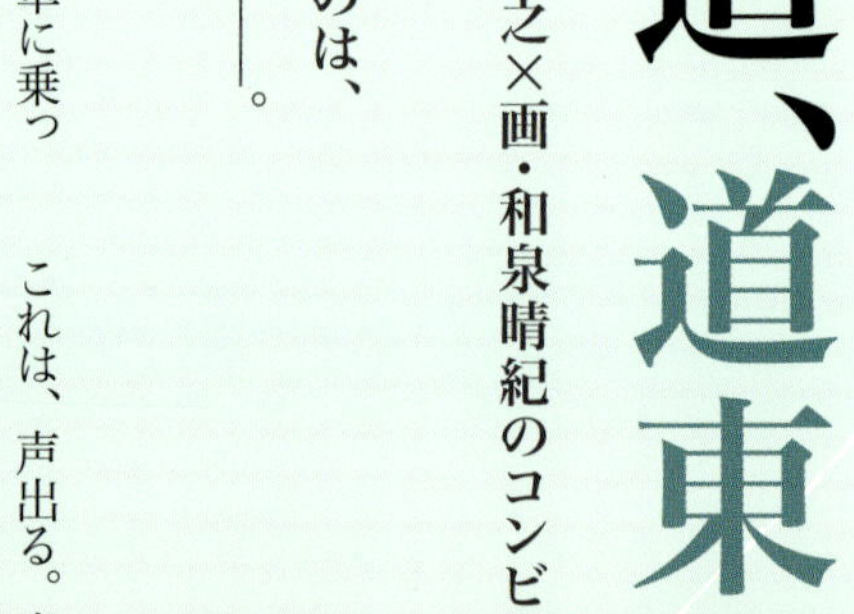

根室中標津空港に到着。牛乳の試飲に早速飛びつく我々。さすが北海道！　牛乳がすこぶるウマイ。

**和泉晴紀**

いずみ・はるき

1955年生まれ、石川県出身。漫画家、イラストレーター、エッセイスト。代表作は『辺境酒場ぶらり飲み』（原作・藤木TDC／リイド社）、『インテリやくざ文さん』（鉄人社）、『ワルキューレ』（原作・土屋ガロン／KADOKAWAエンターブレイン）『真剣なサル』（白泉社）など多数。

り込み、信号のほとんどない道を行く。そして連れて行ってもらったのが中標津町内の、町内といっても市街地からは遥か離れた森の中の河原にある、無人で無料の秘湯『養老牛温泉・からまつの湯』。これは見るからに秘湯中の秘湯だ。まさかこんな場所に温泉があるとは、教えてもらわなければ絶対見つからない。ベニヤ板みたいな小さな看板の下には、鹿の角が打ち付けてあった。

　板と丸太で乱暴に囲われただけの小さな温泉らしい。しかし、先客がいるようだ。赤いバイクが一台。女ライダーか？　聞くと、混浴だという。どうする。黙って入って「キャー！」となったら困るので、わざとガヤガヤ話しながら中に入る。すると、少し下った河原の露天風呂に、男性客が一人浸かっていた。なんだ、男か。ホッとしながらガッカリ。

## 久住昌之

くすみ・まさゆき

1958年生まれ、東京都出身。漫画原作者、漫画家、エッセイスト、装丁家、ミュージシャン。代表作は『孤独のグルメ』(作画・谷口ジロー／扶桑社)、『漫画版 野武士のグルメ』(作画・土山しげる／幻冬舎)、『大根はエライ』(福音館書店)など。『泉昌之』名義での代表作に『かっこいいスキヤキ』(扶桑社)、『食の軍師』(日本文芸社)など多数。

開陽台から中標津の大地を一望。あまりのスケールに、「うっわー！」。「地球は丸い」を実感。

しかも、彼はボクを見るなり「あれ、『孤独のグルメ』のクスミさんですか?」と言う。こんなところで。埼玉から来たそうだ。この湯は3度目とのこと。知る人ぞ知る秘湯なんだな、とあらためて思う。

ボクと作画担当の和泉晴紀は、バラック的な脱衣所でさっそく裸になり、風呂に入る。ボクのことを知っている人の前で裸になって風呂に入るのはちょっと恥ずかしい。

しかし、入ってしまえば、最高にいい湯だった。「いやー、きーもちいい!」とまた声が出た。声が出る北海道。観光コピーに使ってもらえないだろうか。川のせせらぎの音。鳥の声。青空にモリモリの緑。ずっと入っていたかった。しかし誰がこんな温泉を発見したんだろう?

ちなみに変な名前だなと思って、今調べたら「養老牛」というのは、養老の滝とか養老渓谷と全然関係なくて、アイヌ語の「イ・オロ・ウシ」から来ているらしい。面白い。

これが、「カニといえば金沢の…」の和泉画伯を驚かせた花咲蟹。

## アマゾネスの絶品酒場、本土最東端のノサップ岬

さて車は一路根室へ。からまつの湯から走ること約2時間、夕方6時過ぎに『根室グランドホテル』に到着。ロビーに天気予報があり、「日本一早い明日の日の出 4時47分」と出ていた。日本の本土最東端ノサップ岬だ。

さて荷物を置いてひと休みしたら、夜の街に夕飯を兼ねての飲みに。根室の繁華街は、なだらかな坂があって、絵になる。ちょいとそそる居酒屋や食堂やラーメン屋がちらほら。

東京は残暑が厳しいけれど（取材は9月）、根室の夜はカーディガンが

必要だった。涼しくて快適だ。例によって何も調べず店構えで入る店を探す。最後2軒まで絞って、縄のれんの『居酒屋ひょうたん』に入る。ここが正解。たくさんの客で賑わっていた。店員は女性ばかり。なぜか「アマゾネス軍団」という言葉が浮かぶ。

初めて食べる、ししゃもアヒージョと、赤ホヤ塩辛が、いきなりうまい。自家製〆トロサバも美味しかったぁ。サンマの塩焼きも最高。しかしこの晩の白眉は花咲蟹だった。

これは「カニと言ったら北陸産のズワイガニのメス・香箱ガニが絶対一番」とつねづね言っている金沢出身の和泉晴紀に、「これはウマイ!」と叫ばせたほどのおいしさだった。やはり声が出る北海道、だ。

恒例、行き当たりばったり今宵の店探し。だいたい勘は当たる。

秘湯「養老牛温泉・からまつの湯」。先客が男性でホッとするやらガッカリするやら。

翌朝、部屋で目が覚めたら5時過ぎだった。最上階に展望室があるとホテルの案内に書いてあったので、急いで行ってみる。雲は多かったけど、青空も見えていたので、すごく美しい朝日を見ることができた。海も見える。水平線の霧も朝日に光ってきれい。いいものを見た。

そして二度寝のシアワセ。あらためて起きて朝食をとり、ノサップ岬へ出発。地図を見ると、根室は細長い根室半島の途中にあって、納沙布がその先端。近づくにつれ「北方領土返還」の文字がちらほらし始める。そうか、本土で北方領土に一番近いのはそこだったのか。そして、到着すると「返せ北方領土　納沙布岬」と書かれた大きな棒杭が立っていた。

夜明けに見えた青空は、すべて白い雲に覆われ、海上には霧が立ち込めていて、北方領土はまるで見えない。一番近い歯舞《はぼまい》群島貝殻島はたった3・7㎞先と書いてあるが、なんにも見えなかった。オーロラタワーという観光タワーがあったけど、てっぺん

本誌vol.02で訪ねた日本の本土最北端に続き、最東端も制した記念にパシャリ。

ネーミングからしてミステリアスな「エスカロップ」に初対面。うまい…。

大波が打ち寄せるたびに、大股開きでシャッターを切る和泉画伯。ザザーン！パシャ！ザザーン！パシャ！

の展望台が霧の中だったのでスルーした。

『北方館』という建物に入って、晴れた日の写真や四島の地図を見る。二階の窓にはずらりといろんな双眼鏡（全部無料）が並んでいたが、どれ見ても真っ白。早々と退散することにする。でも、本土最東端の地は踏んだ。一昨年はこの仕事で最北端を踏んだ。最西端は数年前に鹿児島で踏んだ。あとは最南端か。和泉さんは土産屋でよくできたカニのボールペン（ハサミが可動）を購入していた。

## 廃駅で想いを馳せた、開拓者たちの苦闘と勇気

車で戻りながら、半島の真ん中辺にある花咲灯台のそばの海岸の『車石』というのを見に行く。なるほど四角いブロック状の石（放射状節理）によってできた半円の不思議な自然物だったが、まあ、それだけっちゃそれだけだった。でも波がすごくて、我々いい大人の男達がでっかい波しぶきが上がるたび「おぉ！」と喜んでいた。ワイルドだった。

そして根室市内の『喫茶どりあん』で、昼食。

ここでは根室名物『エスカロップ』を食べる。お皿のバターライスの上に薄いトンカツがのっていて、デミグラスソースがかけてあり、サラダが少し添えてある。おいしかった。でもなんでこれがエスカロップなんてヘンテコな名称なんだろう。ま、ネットで調べればいくらでも出てくるから調べない。

隣の人のチャーハンも、かなりおいしそうだった。ボク好みのいい感じの色をしていて、最後にグリンピースと紅生姜を一番上に少しのせてる演出もイイ。そっちの方が好きかも。人気店みたいで、混んでいた。

無人駅『東根室駅』に立ち寄る。なんとホームが木の床だ。ウッドデッキって感じ。電車は2～3時間に一本。床にのんびり座って雑談などして、さて上り電車が来たら一緒に写真でも撮るかと話していたら、音もなくこの駅を通過する下り電車がやって来て、本当に驚く。轢かれるかと思った。

それからまた車に乗って、別海町にある『旧奥行臼駅逓所』の保存修理工事現場をみせてもらう。駅逓所は明治から昭和初期まであった交通補助機関で、宿泊や人馬乗り継ぎ

特別に取材で入った旧奥行臼駅逓所の保存修理工事の現場。貴重なものを見せてもらった。

無人駅・東根室駅ホームにて。のんきに過ごしていた我々を心底驚かせた通過列車。

などの施設だったようだが、その辺の詳しい解説はウィキペディアに任せよう。

とにかく見学させてもらって、ひしひしと感じたのは、当時、北海道を開拓開墾した人々の苦労と、苦闘と、知恵と勇気だ。何にもない厳しい環境の中、特に厳寒の長い長い冬を、電気もないこんな木造の家に寝泊まりして働いたのだ。国指定史跡になって当然だ。見られてよかった。

でも近くにあった『旧奥行臼駅舎』はかわいかった。こちらはJR北海道標津線の駅舎で、昭和64年（1989）の廃線とともに廃駅になった。昔の金庫や電話や地球儀が残り、狭い畳の部屋もあって楽しい。こういう秘密の隠れ家を欲しい。

廃線、廃ホームとともに、なんだか外国の田舎駅みたいな風情になっている。

## クッシーに沸いた子供時代。その湖は、美しかった

その日は中標津の温泉ホテル『トーヨーグランド』に泊まった。この晩はまた飲屋街を歩き回って、ボクの直感で繁華街を少し外れた『そば居酒屋 三久』に入る。この店もアタリ。カウンターだけで、おばちゃんが一人でやっている店。超好み。この店が仕事場の近くにあったら、仕事終わり、あるいは夕飯がてらに一人でしょっちゅう来ると思う。

ホタテの貝殻を器にして、それを

旧奥行臼駅舎の中には、当時使用されていた備品や時刻表などもそのままの状態で保たれていた。

場所は忘れたが、帰りの道中で遭遇した場所。地平線以外何も見えない！　砂漠？

そのまま火にかけて作る「玉子みそ」ってのが最高。ふふふ。どういうのかは教えない。

真イカの一夜干しとか、生干しコマイで日本酒を飲む。もちろん蕎麦もあるし、蕎麦だんご汁とか蕎麦寿司もあり、なんとカレーライスまである。またまたいい店当てたぜ。北海道の編集者もカメラマンも誰も知らない店だった。ネットで検索してもほとんど情報が無い。ウッシッシだ。

未確認巨大水棲生物の中でも知名度抜群の「クッシー」と再会。

東根室駅は本土最東端の駅でもある。趣のある木造ホーム。

旧奥行臼駅舎の裏にはホームも残っていた。列車の汽笛が聞こえてくるような…。

広大すぎるタマネギ畑。せっかく路肩でポージングして撮影したのに、採用しない編集部の非情さよ。

さて帰る日は女満別空港に向かいながら、屈斜路湖に寄る。ボクが小学校の頃にいると噂された恐竜「クッシー」の青いセメント像があって、なんだか嬉しくなる。お土産屋にはクッシーグッズがたくさんあった。

昭和の子供のありえない噂話が、なんとなくゆるキャラになって生きてるのが楽しい。クッシーかわいい。

屈斜路湖はなめらかで美しい湖だった。このころ、だんだん青空も見えてきた。温泉の滲み出て来る湖の砂浜でしばらく休み、車に乗り込む。

途中、広大なタマネギ畑があり、収穫されたタマネギが、どこまでもどこまでも土の上に並んでいた。思わず車を停めてもらって、そこに立ってカメラマンに写真を撮ってもらった。撮られる時、青空に両手をあげて「ターマネギー!」と何度も言った。声が出る北海道東の、いい締めくくりになった。

## 旅を終えて

一年に丁寧に一冊。北海道らしいスロウなペースで大人世代に向けたディープな記事を届ける本誌プロジェクトも4年目。

本書を初めて手に取った方は、あの人気酒場放浪番組でおなじみの吉田類さんが、なぜ北海道の旅情報誌を？　と不思議に思ったのではないでしょうか。

一年を通して日本全国を旅して回る類さんのフィールドは、各都市の酒場に留まりません。その土地の人々と酒縁を結び、話に耳を傾け、興味ある場所や人のもとには類さん自らが訪ねて深く掘り下げていく。

そこで暮らしていると見過ごしてしまう魅力を、旅人の目線で発見し、自分の言葉で発信しています。まさに旅の達人。

しかも、年間のかなりの日数を過ごすほど、北海道を深く愛してくれています。

そんな類さんに、北海道の「いま」と「知られざる」を一緒に発見してもらいたいと

# 行こうか。

いう想いから本誌は誕生しました。

今号で類さんが旅をしたのは、日高と十勝地方。押しも押されもせぬ人気観光エリアでもありますが、地元の皆さんからお寄せいただいた情報をもとにたどり着いたマニアックなスポットや酒場は、やはり類さんの目線ならではのセレクトでした。

両エリアは平成28年（２０１６）の連続台風により、交通インフラや農・水産業に甚大な被害を被りながら、その復旧も急ピッチで進んでいます。復興応援の願いを込めて制作した今号を手に、皆さんもぜひ、旅に出かけてみませんか。

——さて、類さんは今度はどの地域を訪ねていくのでしょうか。

またいつか、お会いしましょう。

旅人類　編集部

## あとがき

# 次はどこへ旅に

# 旅人類 Vol.04

［たびじんるい］

2018年3月24日発行（第1刷）
定価：本体1,000円＋税

責任編集
吉田　類

発行編集人
長谷川　憲博

編集 & ライター
井上　哲　（亜璃西社）
宮川　健二（亜璃西社）
能登　亨樹（独貴舎）

制　作
有限会社 プラン・プロデュース

撮　影
木内　政海

表紙写真
『日高の牧場にて』

取材協力・資料提供
国土交通省 北海道開発局
国土交通省 北海道運輸局
北海道
公益社団法人 北海道観光振興機構
その他、多くの関係機関の方々にご協力いただきました。
この場を借りて御礼申し上げます。

発 行　株式会社 共同文化社
札幌市中央区北3条東5丁目
TEL.011-251-8078
FAX.011-232-8228
http://kyodo-bunkasha.net/

企 画　株式会社 ドーコン（総合建設コンサルタント）
札幌市厚別区厚別中央1条5丁目4-1
TEL.011-801-1565
FAX.011-801-1566
https://www.docon.jp/

印刷　株式会社 アイワード


※地図やデータは2018年2月末現在のものです。
※無休や定休日とは別に、年末年始などが休みになる場合があります。

ISBN 978-4-87739-310-6


本誌では掲載できなかった写真や取材の裏話を順次公開

旅人類
Facebookページはこちら »
http://www.facebook.com/tabijinrui/

プロフィール

## 吉田　類

rui yoshida

高知県出身。イラストレーター、エッセイスト、俳人。酒場文化や旅をテーマに執筆活動を続けている。魅力的な酒場を求めて街をぶらつくBS-TBS『吉田類の酒場放浪記』は放送から15年目を迎える人気番組。2016年からはNHKラジオ深夜便『ないとガイド～酒で綴るにっぽんの旅』に出演。北海道を愛し、長期滞在する傍ら、HBCテレビ『吉田類のぶらり街めぐり』、 HBCラジオ『吉田類のゆる～り・ほろ酔いと～く』、北海道新聞連載エッセイなど道内各メディアでも活躍中。著書は中公新書『酒場詩人の流儀』『酒は人の上に人を造らず』他多数。また、出演映画に「吉田類の『今宵、ほろ酔い酒場で』」があり、DVDも好評発売中！

やっぱり旅は良いな

《《 バックナンバー

Vol.01 函館・釧路あたり

Vol.02 天塩川・オロロン街道あたり

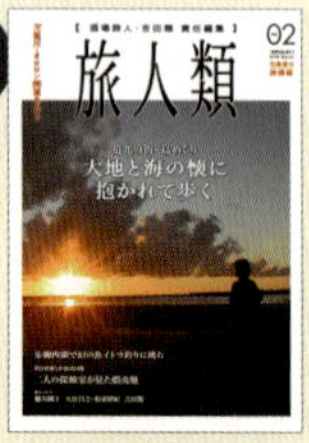


Vol.03 函館・青森あたり